La organización del espacio y del tiempo en el centro educativo

Joan Domènech, Jesús Viñas

GRAÓ

Biblioteca de Aula | 123

Serie Metodología y recursos

c/ Francesc Tàrrega 32-34. 08027 Barcelona
1ª edición: septiembre 1997
ISBN: 84-7827-177-5
DL: B-30.683-1997
Diseño de cubierta: Xavier Aguiló
Producción: Punt i Ratlla de Serveis Pedagògics
Impresión: Imprimeix

Para Angela, Mariona, Clara, Francesc y Adrià que nos prestaron parte de su espacio y de su tiempo para que pudiéramos escribir este libro.

A los Movimientos de Renovación Pedagógica para que, con su crítica, lo pasen por el tamiz del sentido común y lo mejoren en su práctica.

Índice

1

El espacio y el tiempo como recurso

La visión desde el profesorado del espacio y el tiempo

El tiempo es el enemigo de la libertad
(Hargreaves, 1992)

Si hiciéramos una encuesta entre el profesorado actual de todas las etapas y les preguntáramos cuáles son los aspectos más problemáticos del funcionamiento de los centros estamos convencidos que, la mayoría de los encuestados, coincidirían en señalar espacio y tiempo como dos de los aspectos que dificultan el desarrollo normal de la labor educativa y la mejora del funcionamiento de la escuela.

Tras estas quejas por la falta de tiempo del profesorado y de los estudiantes y por la insuficiencia de espacios y equipamientos, a veces encontramos opiniones discutibles o análisis sesgados. Sin embargo, una reflexión más objetiva nos demuestra que las dificultades son reales y que las nuevas demandas y funciones emergentes en el sistema educativo precisan de unas mejores condiciones de desarrollo y muchas de éstas pasan por un mayor tiempo de trabajo no docente para el profesorado y unos espacios mejor distribuidos, más dotados y más diversificados que en la actualidad.

Muchos centros se quejan con razón de esta falta de espacios y de sus dificultades de adaptación a las necesidades básicas que se desprenden de las actividades educativas. Actualmente, sólo en algunas zonas y, fundamentalmente, en centros de primaria, hay una situación más distendida.

La implantación de la reforma y del primer ciclo de la educación secundaria obligatoria, con la supresión de forma generalizada de la segunda etapa de EGB -no en todas las comunidades autónomas, pero sí en Catalunya, País Vasco y Navarra- junto con el descenso notable de la natalidad en las últimas décadas, ha facilitado que en algunos centros de primaria puedan remodelarse espacios con relativa facilidad. A nivel general, los centros de secundaria y los de educación infantil continúan teniendo unos déficits muy importantes.

Paralelamente a esta falta objetiva y básica de espacio escolar, podemos observar que otro de los elementos que provoca mayor número de quejas entre el profesorado, lo constituye la opinión de que los centros no han sido pensados realmente para la función que deben cumplir. Las críticas, desmesuradas o no, al trabajo de arquitectos y administradores son un síntoma inequívoco de la gran insatisfacción por los resultados obtenidos, y demuestran unas dificultades, en la práctica, para poder utilizar los espacios para las funciones que han sido diseñados.

Es verdad que, en los últimos tiempos, con la intervención de los Ayuntamientos y las administraciones autonómicas, se han proyectado centros educativos con la perspectiva de que se adaptasen mejor a la realidad del entorno y a los nuevos planteamientos pedagógicos. La nula participación del profesorado en la fase de diseño, la ausencia de contactos posteriores con los responsables de estas construcciones y la centralización generalizada en las compras de equipamientos, no han resuelto la necesaria relación entre el edificio y sus usuarios.

En el momento que concluíamos esta publicación, se han hecho públicos los criterios que el Ministerio de Educación y Ciencia[1] quiere aplicar para los próximos cursos en relación con las nuevas construcciones y en las adaptaciones de los edificios actuales a la nueva ordenación del sistema educativo[2] Hemos podido observar como el espacio también puede convertirse en un factor de ahorro del gasto y de justificación de nuevos recortes en servicios públicos como la educación.

El ahorro de gasto público se hace, esta vez, a costa de suprimir la poca flexibilidad que los espacios comunes tienen en los centros educativos públicos. ¿Cómo se puede compaginar, por ejemplo, un espacio dedicado a biblioteca y a laboratorio a la vez? Conocemos las dificultades que tienen algunos maestros y maestras -por ejemplo, en el ámbito rural- de estructurar el espacio para conseguir tener todos los espacios necesarios. De ahí que la propuesta de extender estas dificultades a centros con 200, 400 o 1 000 alumnos, nos parece una absoluta barbaridad. Con estas medidas se dan pasos atrás en la evolución del sistema educativo de nuestro país, volviendo a una concepción anticuada de la enseñanza en la que el aula vuelve a convertirse en el único espacio educativo importante.

La reforma educativa no sólo ha explicitado con más claridad que nunca la necesidad de tener más espacios, sino que ha puesto en entredicho la propia configuración y estructuración actual de los centros. Por ejemplo, el tratamiento de la diversidad, uno de los ejes claves de los nuevos planteamientos, implica la necesidad de una multiplicidad y una pluralidad de funciones y, por lo tanto, una gran flexibilidad en el espacio escolar.

La nueva organización del sistema educativo, con la introducción en la educación secundaria de los *créditos variables* o la consolidación de los especialistas en la

1. *El País. Educación,* 4 de marzo de 1997.
2. Modificación del Real Decreto 1004/91 de requisitos mínimos en centros de enseñanza no universitarios.

primaria suponen dos elementos que han hecho más compleja la distribución de los espacios escolares. Las nuevas áreas o temas de desarrollo del currículum -nuevas tecnologías, mediatecas, salas de audiovisuales- plantean necesidades de espacio no previstas en muchos centros construidos hace años.

Si el espacio es un motivo constante de queja y de reflexión, algo similar sucede con la variable tiempo. El colectivo de enseñantes se queja insistentemente de la falta de tiempo y achaca a este déficit la mayoría de las dificultades en el desarrollo de su profesión. Explicita la sensación de que cada día se le exigen más funciones y que el tiempo disponible para desarrollarlas sigue siendo el mismo o, incluso, disminuye. En la educación primaria, por ejemplo, se parte de una gran rigidez en el horario del profesorado. Rigidez acompañada en los últimos tiempos de una cierta crisis del tiempo de dedicación para las tareas colectivas -el horario de exclusiva. En algunas zonas en que se ha implantado el horario intensivo, parece que esta dedicación ha disminuido considerablemente.

Por otra parte, las nuevas exigencias de la reforma y la variedad de demandas que la sociedad hace llegar a la escuela, provoca una cierta presión que se traduce en la necesidad de que el profesorado dedique más tiempo al trabajo en el centro.

No se trata de aumentar el horario lectivo de nuestros alumnos sino el tiempo de dedicación colectiva en el centro. La evidencia cada vez aceptada por un mayor número de sectores, de que el trabajo en equipo es esencial para el aumento de la calidad educativa, lleva a la necesidad ineludible de consolidar los tiempos compartidos no lectivos, en todos los centros de todos los niveles y etapas.

El tiempo se convierte también en una variable que, socialmente, puede ser motivo de conflictos. Las diferencias de tiempo lectivo entre el alumnado matriculado en escuelas privadas y en escuelas públicas es un fenómeno denunciado ampliamente como generador de desigualdad social, aunque también sabemos que un tiempo mayor en la escuela no es garantía de una mejor educación.

Son bastante comunes las discusiones en los consejos escolares de centro, o entre los sectores que forman la comunidad educativa de un centro (padres y profesorado, fundamentalmente) sobre aspectos relacionados con el tiempo. La no resolución de dichos conflictos, se convierte, a veces, en un factor de desestabilización de la comunidad educativa. Las discusiones sobre la jornada continuada o sobre los períodos vacacionales, constituyen ejemplos de dichos conflictos.

La tendencia a delegar en la escuela responsabilidades o funciones antes referidas a la familia, los nuevos horarios laborales, la desaparición de las unidades familiares clásicas (con los abuelos en casa, por ejemplo) o la incorporación de la mujer al trabajo, producen una cierta presión en la escuela para que ésta aumente su horario de atención al alumnado. No son pocas las escuelas que tienen ya organizado un horario de acogida (de 8 a 9 de la mañana). Esta demanda puede llegar a extremos insospechados en etapas en las que parece que todavía no se haya asumido completamente su carácter educativo, como la educación infantil. No sólo con las ofertas privadas de escuelas «parking» sino a partir de los propios proyectos de la administración que prevén la posibilidad de horarios para alumnos de 0 a 3 años de 10 horas o más.

En otros casos, la asociación de padres del centro educativo, organiza una amplia oferta de actividades extraescolares que alarga el horario de asistencia de los alumnos al centro escolar a partir de las 5 de la tarde.

Los diferentes tiempos que coexisten en la escuela (horario de los alumnos, horario extraescolar, horario de servicios educativos, horario del profesorado, etc.) convierten a esta variable en un lugar de encuentros y desencuentros en el que, a veces, es difícil encontrar un equilibrio entre las necesidades educativas del alumnado, las demandas sociales y las condiciones laborales del profesorado.

Pero no hay que olvidar también que la enseñanza es una profesión con unos ámbitos de actuación parcialmente difusos en cuanto a funciones propiamente dichas y tiempos de dedicación. Una conversación a la salida de clase con un padre o con un alumno puede ser un hecho fundamentalmente educativo que incida cualitativamente en el proceso de aprendizaje. La visita a un museo un domingo por la mañana por parte de un profesor o profesora puede aportar elementos de formación continuada mucho más efectivos que un curso de treinta horas con derecho a certificado. Y la conversación distendida mientras se toma un café puede desarrollar las bases de un futuro proyecto o consolidar el trabajo en equipo mejor que un número indeterminado de reuniones de gran duración.

Ante está difuminación de nuestras funciones, el propio profesorado se ve impotente para «desconectar» de la profesión, y debe soportar la amable crítica que nos hacen amigos, familiares y conocidos de que «siempre estamos hablando de niños (y de niñas)».

Nuestra experiencia nos dice que la organización del tiempo es una de las preocupaciones de todos los equipos directivos de todas las escuelas del mundo. De hecho, podemos afirmar que esta preocupación no está desvinculada de la idea de introducir en la enseñanza criterios de eficiencia y eficacia. Parece que el aumento ilimitado de recursos destinados a la educación es un sueño hoy irrealizable, aunque no sabemos si fue realizable en alguna ocasión. Ante esta realidad se impone la racionalización de los recursos que se dispone y por lo tanto, se revisan exhaustivamente los horarios, se introducen cambios y se intenta mejorar los resultados, manteniendo la dedicación, pero introduciendo mejoras que potencien la dedicación de cada uno de los profesores.

Espacio y tiempo se encadenan a menudo en las reflexiones y reivindicaciones del profesorado. A modo de ejemplo, sólo nos queda recordar cómo una de las dificultades explicitadas por el profesorado para no aumentar su tiempo de dedicación en el centro educativo es la falta de espacios en los que se pueda trabajar con tranquilidad y con los medios suficientes.

El espacio y el tiempo en la reflexión pedagógica

Vista cual es la visión general del profesorado, repasemos como trata la literatura pedagógica este tema.

Inicialmente, estos aspectos eran variables independientes determinadas por el sistema educativo y escolar, a las cuales el profesorado debía adaptarse para poder desarrollar su trabajo.

El espacio a utilizar estaba formado por el profesor en su clase con sus alumnos, y el tiempo una continuidad de distintas tareas con una incipiente organización. La presencia de docentes especializados en algunas materias del currículum de la enseñanza media implicaba las combinaciones pertinentes en el horario del profesorado para que pudiera ser distribuido en un espacio único y en un tiempo rígido compuesto de unidades menores distribuidas en horas (de donde viene la palabra horario) para las distintas asignaturas. El tiempo era todavía una condición previa.

La literatura pedagógica, basada en los mejores casos en un análisis de la práctica y de las dificultades observadas, ha dado un paso adelante al considerar el espacio y tiempo como recursos, es decir como elementos de unas organizaciones que funcionan como sistemas.

Asumir que la organización escolar funciona como sistema (Ibar, 1987), implica considerar el centro como una unidad con las siguientes características básicas:

- Se basa en el principio de creación interna.
- Se autorregula a través de las relaciones que establece.
- Se desarrolla con unas finalidades específicas.
- Se basa en el principio de equifinalidad por el cual se puede llegar a idénticos resultados por caminos distintos.
- Es un sistema abierto con innovaciones y cambios.
- Si crece se diversifica a través de subsistemas.[3]

Podemos empezar a hablar de tiempo y espacio como recursos desde el momento en que aceptamos que no hay ningún elemento que condicione de forma absoluta el sistema educativo, ya que éste se configura a través de sus relaciones.

Antúnez (1994), a partir de diversas aportaciones provenientes del ámbito de la organización escolar y empresarial, propone seis elementos fundamentales como componentes del centro escolar: Objetivos, recursos, estructura, tecnología, cultura y entorno.

El tiempo y el espacio constituyen recursos, es decir, elementos que utiliza el centro educativo para lograr sus objetivos. La trascendencia de esta visión es que rompe conceptualmente con la rigidez de las visiones anteriores. Considerar el tiempo y el espacio como recurso nos lleva a la posibilidad de ir rompiendo con esquemas desfasados e intentar dar respuestas a las complejas necesidades del sistema educativo actual.

Muchas de estas rigideces vienen marcadas por la consideración administrativa burocratizada que se da a las funciones de los profesionales que ejercen las labores docentes, hecho que condiciona gran parte del sistema educativo concertado. En efecto, debería discutirse si el sistema laboral que se infiere de la función pública, permite el tratamiento del tiempo con la flexibilidad que necesitaríamos en los centros docentes (López, 1994). No somos muy optimistas sobre la posibilidad a corto plazo de cambios, por lo cual reflexionaremos a partir de las limitaciones que este sistema ofrece.

3. Citado de Bertalanffy, en Viñas , S., J.; Domenech, J. (1994): «El sistema relacional» en Darder, P; Gairin N, J. (coord.) (1994): *Organización general de centros educativos.* Barcelona. Praxis,

¿Cuáles son los elementos que han de justificar este tratamiento diferente de los recursos en general, y del espacio y tiempo, en particular? Veamos los más importantes:

- *La complejidad del currículum.* El desarrollo de un currículum integral obliga a los centros docentes a diseñar unos marcos mucho más diversificados que un aula-clase y un horario rígido (distribución por horas).
- *El tratamiento de la diversidad.* Un sistema comprensivo como el que se desarrolla con la actual reforma educativa intenta dar una salida positiva a la diversidad de los alumnos. Esto conlleva una crisis en la tradicional disposición de los espacios y los tiempos.
- *La racionalidad didáctica.* La fragmentación del espacio y el tiempo obliga a una organización meticulosa del tiempo de las sesiones de clase y dificulta los momentos de aprendizaje porque secciona mecanismos de aprendizaje que obliga a los alumnos a un esfuerzo continuado de adaptaciones de dudosa eficacia.
- *Los nuevos recursos didácticos.* Los centros educativos, dentro de la escasez de los presupuestos educativos, disponen en la actualidad de equipamientos mucho más amplios, que permiten una diversidad de utilización en tiempo y espacio: medios audiovisuales, medios informáticos y telemáticos, etc. La tiza debe pasar de ser el único protagonista para compartir su protagonismo con otros medios que deben romper esquemas espacio-temporales.
- *La utilización del entorno.* El entorno es considerado como un elemento del centro educativo como organización. Desde hace ya muchos años los enseñantes son conscientes no solamente que deben educar a sus alumnos para poder desarrollarse en su entorno social, sino que además el entorno y especialmente sus elementos mediáticos, tienen una gran trascendencia en la formación de los alumnos y alumnas. La utilización del entorno por parte de los enseñantes es una práctica bastante habitual en muchos centros y estamos convencidos que este proceso aún se desarrollará más en el futuro, con las consecuencias que podemos vislumbrar respecto a los temas que nos atañen.
- *La organización de las personas en el centro.* A medida que los aspectos anteriores se van generalizando, la organización escolar va configurando una distribución de tareas que debe gestionarse. La rigidez en los esquemas de espacio y tiempo dificulta enormemente a los equipos directivos de los centros el poder distribuir estos recursos de gestión siguiendo los criterios dados por los claustros para un mayor rendimiento académico. A menudo los criterios pedagógicos no son tenidos en cuenta y, en cambio, prevalecen los criterios relacionados con los horarios laborales básicos. Debemos reflexionar y constatar la gravedad de limitaciones que son producto de rutinas que han perdido su vigencia en la actualidad.

La utilización del tiempo y el espacio como factor de calidad

La mejora de los centros educativos debe abordarse en sus aspectos cualitativos.

No vamos a sumarnos a las voces que consideran que la enorme inversión en educación está completa y que en la actualidad lo que debe hacerse es solamente aprovechar los recursos que hay a nuestra disposición. Debemos decir que la inversión en educación es todavía insuficiente para un país como el nuestro que arrastra importantes déficits debidos a las insuficiencias y a los incumplimientos de las reformas anteriores.

Esto no nos impide estar a favor de una utilización de los recursos con el máximo aprovechamiento y la máxima utilidad para los objetivos de la educación. El debate sobre la calidad educativa, junto con los mecanismos de evaluación que la administración ha de desarrollar después de la publicación de la LOGSE y la LOPEGCE, tienen que ver con el aprovechamiento de los recursos de espacio y tiempo.

Como ejemplo, resaltamos seguidamente las características básicas, respecto al espacio y el tiempo, que han destacado el movimiento de escuelas eficaces (Davis, Thomas, 1992):

- Una utilización al máximo del llamado tiempo real de aprendizaje. Esto se basa en la observación continuada en los centros educativos de que hay tiempos de mayor intensidad que otros. Se destaca que esto es posible a partir de una participación efectiva del alumnado. Por otro lado en todos los estudios realizados por este movimiento se destaca justamente el efecto negativo que producen las interrupciones en las tareas.
- La aportación y utilización de recursos específicos. Esto implica tanto el apoyo de las autoridades escolares respecto a recursos financieros como la racionalización y el aprovechamiento orientado del uso de estos recursos, por parte del propio centro educativo.
- Estamos pues en el camino de considerar que entre las características básicas de la calidad de las instituciones educativas, además de factores de definición de objetivos, satisfacción profesional del profesorado, implicación de los alumnos, liderazgo educativo, gestión eficaz del currículum, podemos añadir sin complejos una utilización eficaz de los recursos.
- Este tratamiento no puede hacerse aislado de los otros elementos que forman el centro y desarrollan su calidad. No en vano los cambios básicos en la concepción curricular que subyace la reforma educativa no suponen un cambio radical en los contenidos y objetivos curriculares sino una concepción que añade al tradicional *qué enseñar,* elementos respecto a *cómo y cuándo* enseñar, con lo cual la distribución temporal y espacial pasan al centro de la reflexión de los equipos docentes.

El cambio cultural y sus limitaciones legales, económicas, y de cultura organizativa

La flexibilidad en el tratamiento del tiempo y del espacio, a pesar de su conveniencia e importancia, tiene limitaciones ante las que los centros educativos y el profesorado deben plantearse la perspectiva de dar prioridad y marcar un proceso coherente a seguir.

Se trata de un cambio de mentalidad que rompe con tradiciones muy enraizadas y de las cuales no se pueden desdeñar valores innegables. La posibilidad del cambio se plantea a partir del desarrollo de unas condiciones concretas:

- Debe ser comprendido y asumido por las personas que lo deben llevar a cabo.
- El profesorado debe tener las posibilidades en sus manos, tiempo suficiente, grado de autonomía...
- Hay que tener un claro entendimiento de cuáles son los objetivos que se pretenden para que la tarea tenga la suficiente motivación y expectativa
- La implantación de los cambios debe hacerse progresivamente, y realizar un seguimiento preciso del proceso.
- Hay que evaluar los cambios para destacar su grado de bondad. Hay que implantar por tanto una concepción de evaluación de los cambios o, si se quiere, un espíritu experimental ya que al fin y al cabo si consideramos este aspectos como recursos pasan a tener un carácter claramente instrumental.

Estamos acostumbrados a ver cómo innovaciones que han funcionado en otros contextos fracasan en las organizaciones escolares ya que no se tienen en cuenta estas condiciones básicas (Morrish, 1985). Por lo general, y en lo que respeta a nuestros centros educativos, se han analizado como resistencia al cambio cuestiones que eran a menudo consecuencia de una implementación mecánica de aspectos substanciales del sistema, que se hacían sin explicaciones y con un esquema de funcionamiento centralizado de muy dudoso efecto positivo. La implantación de la reforma de forma centralizada y basada en instrucciones de arriba a abajo ha conllevado efectos negativos no tanto por el contenido de los cambios planteados como por la forma en que han sido planteados.

Es por ello que los cambios que sugerimos en los capítulos posteriores deben hacerse desde los centros educativos, con análisis propios y concreciones propias. Se trata de un verdadero cambio cultural, un cambio de pensamiento y por ello toda precipitación o imposición se paga con efectos secundarios negativos.

Los cambios han de abordarse a partir de la reflexión, el proceso y la gradualización de los equipos docentes. Citando a Hernández y Sancho (1994), diremos que

> *las innovaciones sirven, sobre todo, para contribuir a que los enseñantes construyan su propia identidad, no para cambiar y mejorar el sistema educativo, porque esto depende de otros elementos, no sólo del profesorado, sino de un conjunto de factores sociales, políticos, económicos e ideológicos.*

Algunas de las limitaciones de las propuestas de cambio

El grado de autonomía de los centros, y sobre todo de los centros públicos es todavía muy reducido, por lo que las propuestas de cambio desde el propio centro van a tener algunas dificultades en determinados contextos.

Citamos, a continuación, algunas limitaciones referidas a los elementos básicos.

Limitaciones legales

La ley de función pública y sus derivaciones reglamentarias en decretos que la desarrollan en lo que se refiere a derechos y horarios a realizar. En la mayoría de los casos podemos hablar de un sistema uniformizador y que no se adecua a las necesidades del sistema educativo y con un grado de rigidez extraordinario. En los centros públicos los derechos individuales pasan, a menudo, por encima de las necesidades colectivas.

Por otro lado, la distribución horaria de las materias da poco margen de autonomía a los centros. Aunque parecía que el establecimiento de unidades de tiempo como el ciclo podía tener efectos positivos de flexibilización a menudo hemos observado que subyacen modelos anteriores y las reglamentaciones inferiores distribuyen horarios y créditos con referencias semanales que hacen muy difíciles los cambios.

Y finalmente, los requisitos mínimos establecidos por la ley, que, siendo positivos en cuanto exigen unas condiciones básicas de calidad educativa, se presentan como modelos muy poco flexibles, lo que conlleva una determinación lineal de espacios. Un ejemplo de esta linealidad podemos observarlo en la manera como la administración elabora los mapas escolares que parte de una excesiva uniformización excesiva de los espacios y de los territorios.

Limitaciones en los centros

- Los horarios de los alumnos en actividades complementarias y extraescolares no ayudan a la resolución de estas problemáticas.
- Las normativas de reglamentos de centros determinan la organización de los centros de forma tan concreta que establecen unas limitaciones muy grandes a su autonomía.
- Los recursos que pueden utilizar los centros son muy limitados. Estas limitaciones tienen como consecuencia los siguientes aspectos:
- Unificación y suma de horarios entre profesores con tareas distintas. Ejemplo entre los tutores de primaria y los especialistas que se han incorporado. Creemos que si los especialistas no se tratan como recursos añadidos sino como substitución de horas del profesorado tutor esto crea dificultades de utilización y uso.
- Falta de recursos para la gestión. En la medida que las horas de coordinación y gestión no son suficientes es difícil conseguir que se puedan preparar con eficacia y reflexión cambios en lo que se refiere al tiempo y al es-

pacio. En este sentido las reglamentaciones que han hecho las distintas administraciones han fragmentado todavía más este tiempo. Véase como ejemplo la secundaria.

- Horario de dedicación directa de los docentes. En este aspecto la situación de la educación infantil es casi vergonzosa y, por lo general, posiblemente debería reducirse el tiempo en la enseñanza primaria y secundaria obligatoria para que el profesorado haga las tareas de planificación que el desarrollo del currículum exige. La situación del profesorado de los centros privados concertados acumula grandes déficits en el tiempo de preparación de clases lo que repercute notablemente en la calidad educativa de estos centros.
- Unos centros educativos con espacios compartimentados con pocas posibilidades de utilización diversificada de los espacios y a menudo con un mobiliario escolar muy rígido. La inversión en equipamiento escolar se ha visto relegada debido a las urgencias en la aplicación de la reforma educativa.

Éstas son algunas de las limitaciones que el sistema educativo tiene y que van a condicionar, sin lugar a dudas, la utilización del espacio y el tiempo como recurso educativo. No las hemos enumerado para provocar una reacción de impotencia sino para animar a los miembros de los equipos docentes y a todos los sectores de la comunidad educativa a actuar en los centros, conscientes de estas limitaciones generales, y sin dejar de proponer a la administración mejoras y propuestas que sirvan para poder desarrollar mejor nuestra función como profesionales de la educación.

A menudo, los cambios en el comportamiento de la administración vienen precedidos de propuestas que van creando una nueva cultura que, al final, la administración debe asumir. En consecuencia, en las próximas páginas proponemos una reflexión sobre el espacio y el tiempo con el objetivo de orientar cambios y acciones que mejoren, desde la realidad actual, la calidad educativa de nuestros centros.

2

El espacio educativo

Concepto de espacio educativo y de espacio escolar

Es desolador pasear por una escuela en tiempo de vacaciones. Tiene algo de paisaje después de la batalla. Nada parece tener sentido, porque cualquier espacio adquiere su dimensión más significativa cuando existe el ser humano que lo explica, que lo modifica a la vez que se siente transformado. El ser humano, actor y espectador a la vez. Moldeador del espacio y figura que el espacio concreto modela. Creador y criatura a la vez.

(Cela y Palou, 1997)

La escuela nace en el momento en que se delimita un espacio y se le da una estructura para que cumpla la función de instruir. No hay escuela sin espacio delimitado, a excepción de algunas escuelas de los sofistas griegos en las que un cierto espacio itinerante cumplía dicha función. Trilla (1985) nos dice que «la escuela es un lugar, un edificio, un espacio delimitado: a la escuela hay que ir».

En la historia de esta institución observamos que, en ciertos períodos de tiempo, las escuelas se han cerrado en sí mismas, tendiendo a desconectarse de la realidad externa, mientras que en los últimos tiempos y a partir sobre todo de la difusión de los principios de la *escuela nueva*, las escuelas han tendido a relacionarse con el exterior, a establecer vínculos constantes y planificados, facilitando un flujo constante de estímulos e informaciones con su entorno. En nuestros días, a partir de los postulados de la educación ambiental, esta relación llegará a convertirse en una intervención positiva que pretenderá incluso modificar el medio sobre el que actúa; así podremos escuchar que la escuela trabaja en el medio, sobre el medio y «a favor del medio».

Si las escuelas que se aislaban de la sociedad con el objetivo de preservar el saber de la contaminación mundana respondían a una concepción de la educación y de la sociedad cerrada en sí misma, la nueva relación bidireccional supone, en la práctica, un replanteamiento del concepto de espacio educativo. Este espacio se convierte en algo difuso que, si bien mantiene una estructura institucional en los edificios escolares, cada vez se dispersa más en un conjunto de espacios y escenarios educativos con objetivos complementarios, yuxtapuestos, paralelos o solapados con la propia institución escolar. En este contexto la escuela debe mantener una actitud abierta con el entorno y con la sociedad, a la vez que, desde su autonomía, selecciona y restringe consecuentemente la multiplicidad de información y de demandas procedentes del exterior. Sólo así puede conservar su independencia y su especificidad.

Por poner algunos ejemplos: los programas de conocimiento del medio y los contenidos de educación ambiental en la enseñanza obligatoria, la relación escuela-empresa en el ámbito de la formación profesional y las continuas demandas u ofertas que llegan al centro educativo desde el exterior (programas educativos, ofertas de servicios, de recursos, etc.) suponen ejemplos constantes, presentes en la escuela actual, de esta interrelación más o menos fructífera entre escuela y sociedad.

El avance vertiginoso de la nuevas tecnologías ha sido uno de los fenómenos que han transformado la sociedad provocando cambios en la economía, las relaciones sociales, la cultura y, como no, en la educación. Han supuesto un revolución en los procesos de información a través de las redes de telecomunicación cada vez más presentes en nuestras sociedades desarrolladas. La universalización de los procesos de información, la aparición de la televisión digital, y la aparición del fenómeno Internet suponen verdaderas revoluciones en el proceso de información, tanto desde un punto de vista social como educativo.

Con estos avances, los estudiantes tienen a su alcance un nuevo espacio que, de manera imprecisa, hemos calificado de virtual, lo que les permite acceder a una multiplicidad de recursos culturales, informativos, relacionales, que rompen todavía más el concepto clásico de espacio educativo. ¿Dónde aprenden nuestros alumnos? Alguien seguirá pensando quizás con cierta ingenuidad que lo hacen en la escuela. Y alguien volverá a pensar que la escuela ha muerto ahogada en este nuevo pantano de la información y comunicación a gran escala.

Este fenómeno fue señalado por muchos pensadores a principios de los años sesenta.

> *Hoy en nuestras ciudades la mayor parte de la enseñanza tiene lugar fuera de la escuela. La cantidad de información comunicada por la prensa, las revistas, las películas, la televisión y la radio, exceden en gran medida a la cantidad de información comunicada por la instrucción y los textos en la escuela. Este desafío ha destruido el monopolio del libro como ayuda a la enseñanza y ha derribado los propios muros de las aulas de modo tan repentino que estamos confundidos, desconcertados.*[4]

Cobran de nuevo sentido, las reflexiones de Edgard Faure (1973) proponiéndonos una ciudad educativa como paradigma de un espacio educativo global en el cual los individuos aprenden, se instruyen, se educan a lo largo de su vida. La idea de la aldea global desarrollada en la actualidad por diversos autores[5] completa esta nueva concepción de espacio educativo.

---

4. Mc Luhan, H. M. (1968): *El aula sin muros.* Ed. de cultura popular (1ª edición en inglés, 1960), P. 235-236, citado por Trilla, J. (1985): *El espacio social y material de la escuela.* Barcelona. Laertes.
5. Por ejemplo, Morin, E. (1993): *Tierra y Patria.* Barcelona. Kairós o Sabater, F. (1997): «Educar es universalizar», *El valor de educar.* Barcelona. Ariel.

Una ciudad educativa y una aldea global que confían nuevamente en la escuela para que desarrolle una labor de selección, de educación, de lectura crítica de la multiplicidad de fuentes de información y de las influencias educativas o deseducativas de la sociedad. Porque si ponemos en crisis definitivamente el espacio escolar a partir de la convicción de que todo el mundo aprende también -y quizás fundamentalmente- fuera de la escuela, ésta vuelve a tener sentido como lugar en el que se pueden poner en común estas experiencias, se pueden sistematizar todas las informaciones, puede aprenderse a seleccionar o a encontrar aquellas que nos pueden ser útiles.

Frente al espacio educativo, formado por una multiplicidad de escenarios, agentes que desde distintos ámbitos, instituciones, entidades, ejercen directa o indirectamente una función educadora de muy diversa índole, el espacio escolar se define como un lugar en el que la comunidad educativa reflexiona, con el único objetivo de conseguir un crecimiento intelectual, personal y humano del conjunto de alumnos y alumnas y para saber cuales son los conocimientos relevantes y significativos que necesitan para conseguir su integración con éxito en la sociedad actual. Y todo ello en coordinación con el resto de espacios educativos o planteando los requerimientos que crea oportunos al conjunto de agentes externos.

Por lo tanto, la concepción abierta al exterior del centro educativo responde no solo a una necesidad de incorporar esta multiplicidad de elementos externos, sino también a los cambios en el papel específico que la escuela juega como institución en el conjunto de la sociedad y, en particular, en relación con el resto de sectores, instituciones y ámbitos que comparten funciones con el mundo escolar.

Y, ¿cuáles son los factores que conforman el espacio escolar y que deben ser objeto de nuestra reflexión? Pensamos que una reflexión sobre ello no debe limitarse únicamente a los elementos estructurales o materiales de la escuela, ya que muchos de estos elementos son difíciles de cambiar o modificar. La reflexión hipercrítica sobre el espacio nos puede llevar a un análisis excesivamente rígido y negativo, por lo que pensamos que hay que desarrollar un análisis global que tenga en cuenta el conjunto de interrelaciones que se dan en un ámbito determinado, como única manera de potenciar un camino de reflexión e intervención operativo. No se trata únicamente de analizar el significado de los elementos que configuran el espacio sino de analizar la capacidad de intervenir en ellos, de modificar sus significados y sus usos. Definir el espacio escolar desde un punto de vista amplio y global, supone incluir el medio físico y material de cada centro educativo, junto con las interrelaciones que se producen en dicho medio y con el medio que lo rodea.

El análisis más concreto del espacio escolar y de sus elementos estructurales y funcionales, nos lleva a plantearnos una primera pregunta: este espacio, considerado como un elemento independiente, ¿puede ser considerado neutral?

Si mantenemos que cualquier espacio puede ser utilizado de formas diferentes e insistimos en la valoración de dichos espacios no tanto como elementos estructurales y autónomos, sino como lugares donde se desarrollan unos procesos educativos, basados en relaciones e interrelaciones con los propios elementos y los elementos del espacio exterior, podemos llegar a la conclusión de que el espacio no es determinante en la configuración de las relaciones educativas.

Sin embargo, de forma general, esta concepción hay que relativizarla. El espacio puede ser considerado neutral en tanto que no determina el uso que se pueda hacer de él. Pero dicha neutralidad es aparente ya que la práctica nos demuestra cómo un espacio puede facilitar o dificultar unos usos determinados. Es más, el hecho de asumir la distribución del espacio como algo natural o inamovible puede llevarnos a considerar también inamovible el uso y el funcionamiento que se haga de éste, en un momento determinado.

Nuestra experiencia práctica nos lleva a la conclusión que no podemos analizar ningún elemento aislado entre sí, y que tampoco es útil defender determinado aspecto como clave para desarrollar procesos de innovación educativa o situaciones en las que se favorezca una mayor calidad. Esto es válido para la mayoría de aspectos educativos, y lo es también para los recursos representados por los elementos espaciales. Por poner un ejemplo, la distribución del alumnado en una clase en grupos o en círculo, rompiendo una disposición «clásica» de los pupitres no es garantía de una enseñanza más democrática ni más participativa, como han señalado autores como Gore (1996).

Podemos desarrollar una concepción del espacio y del tiempo mucho más flexible y menos rígida, adaptando los espacios, distribuyendo el tiempo de forma flexible e innovadora, según las necesidades educativas específicas, pero dicha flexibilidad puede contrarrestarse por una utilización rígida y cerrada de los materiales y propuestas didácticas.

Hay que atender, por lo tanto, a los elementos que conforman el espacio, a su distribución, a su ubicación, a su cantidad y calidad, etc., pero también a las relaciones y usos que se desarrollan en estos ámbitos, las interacciones entre los sujetos y los objetos, las actividades que facilitan, etc. (Cano y Lledo, 1990) con el fin último de saber si dichos elementos forman parte de un proceso educativo que favorece la renovación y la mejora constante de la calidad de la enseñanza. Estos serán los mejores indicadores que podemos utilizar en un análisis de los elementos que configuran el espacio de la escuela.

Cuadro 1. El espacio educativo hoy

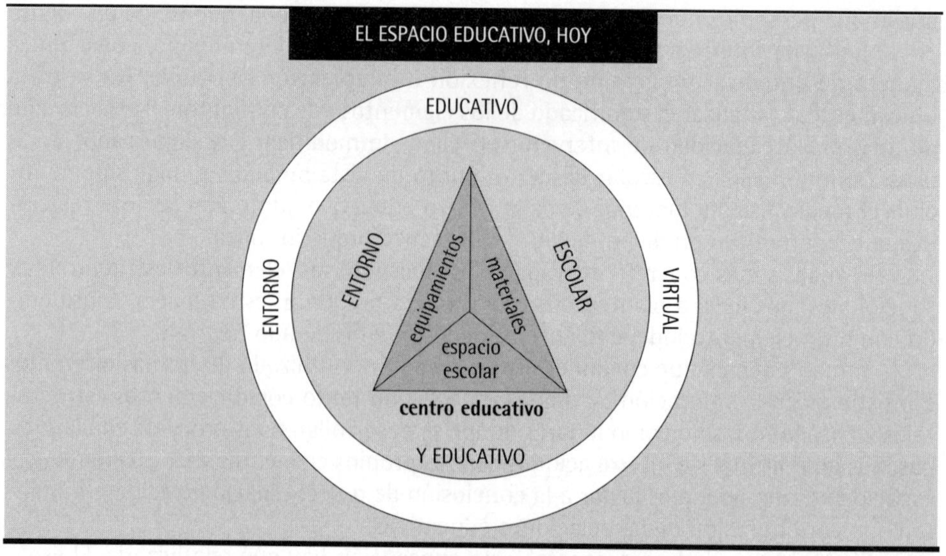

Elementos que forman parte del espacio en el centro educativo

Los elementos estructurales del espacio

Los centros educativos actuales han dejado de ser locales más o menos aptos físicamente para impartir lecciones magistrales y se han convertido en un instrumento de convivencia, de educación social, de perfeccionamiento en la responsabilización.

El cambio fundamental que esta manera de entender la educación ha introducido en el espacio escolar ha sido el espacio o aula común (Bohigas, 1972).

La pedagogía activa plantea cambios en la unidad aula, que sigue siendo la base del trabajo en la escuela, pero se integra totalmente en los elementos generales y comunitarios que constituyen el soporte real de la pedagogía. Las aulas polivalentes y comunes se convierten en elementos complementarios para desarrollar la labor educativa, centralizando muchas de las actividades. El aula, a su vez, se especializa y se identifican en ella las diferentes funciones, diferenciándolas según las edades.

Si el alumno o la alumna pasa a ser un sujeto activo en su aprendizaje, el espacio escolar deberá responder a esta nueva concepción.

La importancia de los elementos de gestión, provocada por la creciente complejidad de la institución escolar, plantea la necesidad de nuevos espacios destinados específicamente a la gestión del conjunto de procesos educativos que se dan en un centro. Y hablamos de gestión del conjunto de actividades educativas y pedagógicas que hay que organizar, planificar y evaluar.

Actualmente los espacios de los centros educativos se han especializado progresivamente, apareciendo ámbitos instructivos, formativos, de gestión o de circulación, y confundiéndose a veces en un mismo espacio funciones diferentes.

Clasificación de los elementos estructurales

Clasificaremos el conjunto de elementos estructurales los en docentes, recreativos, de servicios, de gestión y de circulación.

Los espacios docentes

En cuanto a los espacios docentes debemos considerar el aula propiamente dicha, junto con las aulas específicas destinadas a laboratorios -de ciencias experimentales, de matemáticas-,[6] biblioteca, audiovisuales, tecnología, etc., así como las que puedan cumplir una función formativa múltiple.

En estos espacios se desarrolla una actividad educativa programada y ordenada según las necesidades del currículum de cada clase, nivel o etapa. De hecho, podemos considerar el aula como la célula fundamental del trabajo educativo. En un capítulo específico, nos extenderemos con una mayor profundidad sobre estos espacios.

---

6. Incluidos en alguna escuelas de EGB construidas por la administración educativa en España en los años setenta.

Los espacios recreativos.

Los espacios recreativos también han de cumplir una función educadora. Nos referimos fundamentalmente a los patios, aunque algunas escuelas tienen organizados otros espacios (ludotecas), como alternativa o complemento a las instalaciones al aire libre.

Su importancia la observamos en tanto que son espacios donde alumnos y alumnas se manifiestan y actúan de una forma libre y espontánea. Quizás son los únicos espacios en el centro que, inequívocamente, son «propiedad» de los estudiantes.

Los patios deben tener elementos suficientes que permitan al alumnado la realización de actividades recreativas y lúdicas, con un carácter educativo o, si se quiere, formativo.

El profesorado considera el patio como un espacio autónomo del alumno, a excepción de la etapa infantil, en la que la intervención del adulto parece ser más necesaria. Sin embargo, esta autonomía no debe impedir que se piensen estos espacios como lugares que pueden tener una función formativa, paralela a la recreativa.

Los patios pueden ser lugares en los que, en horario normal, se desarrollen actividades curriculares, por lo que su estructura y acondicionamiento también pueden repercutir al conquistar un nuevo espacio para la realización de actividades. A veces, cambiar el escenario de la clase por el de un espacio al aire libre puede contribuir a la realización de actividades de manera más distendida pero, a la vez, más creativa: expresión oral, dramatizaciones, expresión artística, por no mencionar la utilización de los elementos existentes en el patio (espacios, vegetación, etc.) como laboratorio de experimentación de las áreas de matemáticas o ciencias experimentales.

Queremos remarcar la poca atención que, por lo general, reciben estos espacios por parte de los equipos docentes, lo que podemos observar en la mayoría de centros.

Los servicios

Los servicios están formados fundamentalmente por los espacios sanitarios, el comedor y la cantina. La limpieza y el orden en dichos lugares es imprescindible si queremos que se favorezca también una correcta utilización. En la secundaria, la cantina constituye un espacio en el que se desarrollan multiplicidad de relaciones entre el alumnado, por lo que también debería merecer especial atención.

En la primaria y en la educación infantil el espacio del comedor debe cumplir, básicamente, una función educativa, mientras que en la secundaria su utilización tiene un sentido más relacional.

Los espacios de gestión

Otro grupo de espacios con funciones distintas lo constituyen los utilizados para realizar la gestión del conjunto de actividades que se desarrollan en el centro. Si bien estamos acostumbrados a la existencia de unos despachos de secretaria, dirección, conserjería y una sala de profesores, debemos señalar la importancia de que todos los centros dispongan de salas de reunión y de trabajo individual y colectivo de todos los docentes.

La existencia de estos espacios es importante en la medida que favorecen que el profesorado pueda desarrollar las tareas no directamente docentes, en el propio centro, en las máximas condiciones de calidad. Hay que recordar que, de las 37 horas semanales de un funcionario público sólo un porcentaje concreto[7] son lectivas directamente y el resto son de preparación de clases, evaluación y de trabajo en equipo.

Disponer, en los centros, de un espacio específico, con material adecuado, para ejercer las funciones no directamente docentes, facilita la tarea del profesor. Claro que, en primaria, el aula puede ser el substituto de un espacio propio y, el profesorado, en dichas etapas, está acostumbrado a trabajar en clase.

Sin embargo, la posibilidad de un espacio en el que se pueda consultar materiales, revisar trabajos de los alumnos, intercambiar con otros profesores informaciones y puntos de vista, suele ser un buen estímulo tanto para el trabajo individual como para el colectivo. Si el profesorado tiene espacios adecuados en los centros, para su trabajo personal y de equipo, facilitaremos la utilización de esta importante fracción de su horario laboral.

Los espacios de circulación y comunicación

Finalmente nos encontramos con los espacios de circulación y de comunicación del edificio: los pasillos, el vestíbulo, las escaleras, etc.

Dichos espacios cumplen fundamentalmente dos funciones: la de permitir una circulación física entre el conjunto de instalaciones y la de facilitar la comunicación del trabajo que se desarrolla en el centro, de los intereses de los diferentes sectores, de los proyectos que se están desarrollando, etc.

En algunas construcciones modernas se ha optado por casi eliminar estos espacios, al quedar plenamente integrados con las aulas, en un planteamiento de máximo aprovechamiento.

Un gran espacio común.

En este apartado debemos señalar la importancia que se pueda disponer de un lugar de reunión de todo el centro. Uno de los indicadores de calidad lo constituye la identificación del conjunto de sectores de la comunidad educativa del centro con su propio proyecto. Es muy difícil pensar en este objetivo sin la posibilidad de reunir a todos los alumnos y alumnas -incluso a los padres- para realizar alguna actividad.

Estos espacios deberían ser obligatorios en todas las escuelas e institutos, construidos con una estructura flexible que permitiera, durante el tiempo que no es utilizado, ser usado para otras funciones del centro. La existencia de este espacio puede facilitar la organización de debates, foros abiertos de discusión, conferencias y actividades extraescolares, exposiciones, semanas culturales, teatro, etc., lo que puede ser un elemento dinamizador y de desarrollo del proyecto educativo del centro.

Características que deberían tener los elementos arquitectónicos estructurales

A menudo nos encontramos en los centros educativos con unas estructuras arquitectónicas muy rígidas, difíciles de cambiar o de transformar. Las administraciones educativas, en general, no contemplan partidas específicas para adaptar los es-

7. En primaria, las horas lectivas son entre 20 y 25, mientras que en secundaria, son de 14 a 18 horas.

Cuadro 2. Tipos de espacios en el centro educativo

DOCENTES	. Aulas . Laboratorios . Biblioteca . Salas de uso específico (tutorías, seminarios) . Salas de uso múltiple
RECREATIVOS	. Patios . Salas de juegos . Ludotecas
DE SERVICIOS	. Comedor . WC y sanitarios
DE GESTIÓN	. Secretaria . Salas de reunión . Salas de trabajo individual o colectivo
DE CIRCULACIÓN	. Pasillos . Escaleras . Vestíbulos
SALA COMÚN POLIVALENTE	

pacios de un centro a nuevas necesidades surgidas de la propia reflexión del equipo de profesores. Únicamente se contemplan remodelaciones que afecten a las condiciones estructurales básicas y debidas, por lo general, a cambios en la estructura del centro. Por ejemplo, para conseguir la escolarización de niños y niñas de tres años en la educación primaria fue necesaria una remodelación de espacios en casi todos los centros, no sólo por la inclusión de una nueva aula, sino también por las necesidades específicas que tiene un aula de niños y niñas de tres años diferente del resto de la educación primaria.

La mayoría de los centros educativos no están diseñados para responder a nuevas necesidades de distribución de espacios sin cambiar su estructura. Por lo tanto, tenemos una situación difícil de resolver si planteamos la necesidad de que el espacio escolar pueda modificarse a lo largo del tiempo, para adaptarse mejor a las necesidades del proyecto educativo o de la programación general de carácter anual.

Es común encontrar pedagogos, urbanistas o arquitectos que realizan diseños de centros desde una perspectiva educativa. Todos ellos llegan a la conclusión de que las características básicas que deberían tener el conjunto de estructuras serían facilitar los cambios, las adaptaciones, la flexibilidad en su utilización, la facilidad para cambiarlos e intercambiarlos.

La arquitecta Unzurrunzaga en un informe ya clásico (1974) definió, en el contexto de la aplicación de la Ley General de Educación y en la revista oficial del Ministerio de Educación y Ciencia,[8] las características que deberían tener estos elementos estructurales en función de las necesidades educativas de los centros. El título del artículo es significativo al respecto: «Consecuencias arquitectónicas de las nuevas tendencias pedagógicas».

Recogiendo las características definidas por Unzurrunzaga podríamos resumir que el espacio debería ser:

- *Adaptable* en cuanto a su estructura básica, es decir, que dicha estructura pudiera cambiarse de forma puntual o permanente. Esto significaría la posibilidad de introducir cambios en las dimensiones, ampliando o reduciendo espacios, o convirtiéndolos a nuevas organizaciones o modelos.
- *Flexible* en cuanto que los espacios pudieran cumplir funciones diferentes y se pudieran variar los servicios y las dependencias sin introducir cambios en profundidad en la estructura.

Para facilitar estos principios, los espacios han de ser variados en cuanto a dimensiones y polivalentes en cuanto a funciones y, en la línea de la concepción del espacio que planteamos, comunicables entre sí, para favorecer el intercambio entre todos los elementos que conviven en el centro.

Unzurrunzaga propone un conjunto de requisitos y diferentes soluciones arquitectónicas con el fin de facilitar el desarrollo de estas características que hemos definido. Veámoslas resumidas en el cuadro 3.

A pesar de las dificultades a las que debemos enfrentarnos para conseguir algún cambio estructural, un estudio pormenorizado de la estructura de la que se dispone seguramente puede descubrirnos nuevas utilidades o espacios que, con sencillas remodelaciones, pueden convertirse en nuevos ámbitos conquistados para la labor educativa.

Naturalmente, la ayuda de personal especializado sería de gran utilidad para esta labor. Ahí es donde podría plantearse la participación de los servicios técnicos de la administración local y autonómica, de acuerdo con el consejo escolar de centro, para estudiar conjuntamente la posibilidad de reestructuraciones, incluso en el caso de que no se dispongan de presupuestos de obras o RAM, a partir de un estudio a fondo de la estructura, de los huecos del edificio, etc.

Si se parte de las necesidades explicitadas en el proyecto educativo, de los planes anuales del centro, de la programación concreta, de los proyectos que se quieren impulsar..., con toda seguridad habrá que estudiar cómo mejoramos la utilización del espacio o cómo lo remodelamos para adaptarlo mejor a las necesidades explicitadas en la programación anual o en el proyecto educativo. A veces estos cambios pueden ser de fácil solución.

---

8. En dicha revista, ya mencionada, se pueden consultar distintos artículos referentes a la política de construcciones escolares en los años setenta. Desde una perspectiva más crítica y menos oficial, dos años antes, la revista del Colegio Oficial de Arquitectos de Cataluña y Baleares, había publicado dos números monográficos dedicados a este tema. *Cuadernos de Arquitectura y Urbanismo.* Núm. 88 y 89 (1972).

Cuadro 3. Requisitos que favorecen la adaptabilidad de los espacios

REQUISITOS	POSIBLES SOLUCIONES ARQUITECTÓNICAS
Ampliable Convertible	. Sistema estructural por módulos . Instalaciones móviles . Cambios en el alumbrado . Ventilación . Iluminación . Utilización de los espacios huecos . Etc.
Polifacético	. Aulas que pueden servir para diversas funciones(*) . Pasillos . Zonas intermedias . Salas pequeñas
Maleable	. Sistemas modulares . Puertas móviles . Etc.

(*) No recomendable cuando una de estas funciones puede ser permanente (por ejemplo, una biblioteca).

Esta perspectiva de trabajo sólo tendría muchas dificultades de realizarse en el caso de escuelas con exceso de alumnos, o con falta esencial de espacios comunes, ya que éstos son los que permiten combinaciones diferentes. Si un centro tiene tantos espacios como grupos de alumnos y no dispone de ningún excedente, será difícil plantearse cualquier remodelación o cambio.

Normas de seguridad e higiene a tener en cuenta en la configuración del espacio escolar

Aunque no es propiamente el objeto de esta publicación, nos parece conveniente recordar las características que deben reunir los centros en cuanto a normas de seguridad e higiene. A pesar de que no son frecuentes los accidentes graves en el entorno escolar, quizás vale la pena no olvidar la necesidad ineludible de eliminar barreras arquitectónicas que puedan dificultar o, en el peor de los casos, imposibilitar el acceso de alumnos con disminuciones físicas a los centros.

Hay unas características en cuanto a normas de seguridad e higiene a tener en cuenta en la configuración del espacio. Estas normas, válidas para todos los centros educativos, se refieren a aspectos como ventilación, condiciones climáticas, accesos, iluminación natural y artificial, condiciones higiénicas, etc.

Los centros han de cumplir unas características básicas para que se puedan desarrollarse con facilidad las funciones educativas. De entrada deben estar garantizadas las condiciones climáticas e higiénicas básicas. En cuanto al clima, por ejemplo, las temperaturas extremas (frío o excesivo calor) no favorecen el trabajo en el aula.

Los accesos deben ser cómodos y, como ya hemos apuntado, que no impidan a ningún alumno o alumna el libre acceso a todas las dependencias de la escuela.

El hecho de que el trabajo que se realiza en la escuela sea fundamentalmente visual y escrito, nos lleva a señalar la importancia de una buena iluminación a ser posible natural. En el caso de que la iluminación haya de ser artificial hay que cuidar que sea adecuada y suficiente, evitando, por ejemplo, que las pizarras reflejen y no puedan ser observadas con claridad por todos los alumnos.

Equipamientos y mobiliario

Los equipamientos en el centro educativo

Los equipamientos en el centro educativo lo constituye el conjunto de elementos complementarios a la estructura básica del edificio y sus dependencias. Son imprescindibles para el trabajo que se realiza en cualquier etapa educativa. Un centro con las dotaciones suficientes facilita enormemente las tareas docentes.

Estos elementos son muy variados y los encontramos en la clase, en aulas especializadas, pasillos, vestíbulo de la escuela, patios, etc. Son estanterías, armarios, pupitres y mesas de trabajo, tablones de anuncios, pizarras, etc.

Son pocos los centros que tienen el equipamiento mínimo. Sin embargo, esto no implica que a menudo encontremos una desigualdad importante. Una escuela bien dotada puede llegar a suplir grandes deficiencias de estructura. En general, los centros bien equipados son consecuencia de una labor continuada durante años del equipo docente que ha ido dotando y completando con los materiales necesarios el conjunto de espacios del centro.

En general, los equipamientos deben tener las siguientes características:

- Ser flexibles y adaptarse a distintas necesidades o funciones educativas.
- No impedir la movilidad del alumno en el centro y en el aula.
- Potenciar la integración y la autonomía de todos los alumnos. Deben estar a su alcance.
- Adaptarse a las necesidades educativas concretas de la etapa y el área específica de trabajo.
- Facilitar el tratamiento de la diversidad en el aula.
- Favorecer la relación entre las personas, la comunicación y la relación entre escuela y entorno.

Los equipamientos docentes en las aulas

El equipamiento de cada aula debe responder a la actividad fundamental que se desarrolle en ella, ya sea específica de un área (laboratorio, audiovisuales, biblioteca, etc.) o generalista. El equipamiento de esta última se adaptará a cada nivel o etapa educativa. Los equipamientos auxiliares deben permitir mostrar los resultados de la actividad que se desarrolla en el aula, y poner al alcance de todo el alumnado los materiales que se están utilizando para trabajar determinado tema. Los espacios destinados al trabajo individual y colectivo del profesorado también han de estar equipados suficientemente.

En la medida que estos espacios estén en funcionamiento, se facilitará la gestión pedagógica del centro por parte del conjunto de profesores.

La flexibilidad se consigue de manera específica con estructuras modulares, adaptables entre sí, que permiten el trabajo individual o en grupo según las necesidades de las diferentes situaciones de aprendizaje.

Los centros docentes deben tener un equipamiento tecnológico suficiente. Y no nos referimos a las aulas especializadas de los ciclos formativos o módulos profesionales, sino al equipamiento tecnológico básico que ha de tener al alcance cualquier profesor de cualquier etapa o nivel educativo: proyectores de diapositivas, de cuerpos opacos, de transparencias, ordenadores, grabadoras, equipos de música, impresoras, filmadoras, etc. son elementos cada vez más imprescindibles en nuestras escuelas.

Más adelante intentaremos reflexionar sobre el uso de las aulas especializadas o la conveniencia de trabajar también en clase (¿biblioteca en el aula o en la escuela? ¿sala de ordenadores u ordenador en cada aula o ciclo?). Quisiéramos remarcar en este momento la necesidad que los equipamientos de las aulas especializadas sean transportables, lo que facilitaría la multiplicidad de usos y la utilización puntual o permanente de acuerdo con nuevas necesidades.

El alumnado debe participar en la adecuación de los espacios de la escuela. Si la organización del mobiliario está en función de sus necesidades educativas, éstos deben poder apropiarse del espacio, a partir de la posibilidad de cambiar la distribución de los elementos que los complementan.

Observamos cómo se quita importancia a este objetivo a medida que se avanza en las etapas educativas, y que los espacios de trabajo del alumnado van desarrollándose hacia la individualidad, frente a la capacidad de colaboración que ofrecen los pupitres trapezoidales o redondos, presentes en las aulas de educación infantil y ciclo inicial.

La reflexión sobre los diversos elementos que configuran el equipamiento tiene que servirnos para ver hasta qué punto facilitan la interrelación entre los miembros de la comunidad educativa. El mobiliario y los equipamientos pueden condicionar esta interrelación con respecto a la distribución de los alumnos en la clase lo que puede impedir la flexibilidad necesaria.

El mobiliario y la disposición de la clase debe favorecer tres aspectos importantes:

- El acceso fácil y directo a los materiales para que los alumnos y alumnas puedan usarlos sin ningún tipo de dificultad y fomentar la autonomía.
- La presencia de lugares para la exposición permanente de la actividad de la clase.
- La libre expresión y participación de los alumnos (carteleras, buzones de sugerencias, etc.).

La presencia de armarios o lugares para los objetos personales de los alumnos, o armarios en módulos trasladables que permiten crear espacios de trabajo en distintos lugares, la utilización de los pasillos, departamentos, biombos separadores, etc., para crear situaciones flexibles de aprendizaje en las cuales se rompa la dinámica rutinaria de la clase, las mesas trasladables y en general, la posibilidad de un equipamiento móvil, son aspectos que pueden facilitar enormemente esta flexibilidad.

Determinadas características del aula-clase son importantes: tamaño, estética, luminosidad, distribución, formas, color, decoración, etc. Además de estos elementos, aceptados como favorecedores de un ambiente positivo, la distribución de los demás elementos en la clase también tiene importancia. Es por ello que debemos cuidar el conjunto de aspectos que conforman el diseño de la clase atendiendo a los colores, la decoración, la amplitud de espacios, la distribución general adecuada del mobiliario y la iluminación general de la clase, procurando adecuar los objetos, el material y los diferentes elementos presentes en el aula a la edad y personalidad de los alumnos, y favoreciendo la creatividad, la comunicación y la participación.

El conjunto de estos factores no determinan directamente un rendimiento ni una situación más o menos participativa. En todo caso, la reflexión sobre el funcionamiento del aula y de la relación con la disposición de sus elementos puede ayudarnos a conocer mejor las relaciones que se establecen en ella y a mejorar las interrelaciones que se producen en ella.

El equipamiento de los espacios lúdicos

Como la característica habitual de los presupuestos en los centros educativos es su carácter restrictivo, lo cual impide a menudo invertir en todo aquello que creemos necesario, es lógico que los espacios recreativos estén a la cola de las inversiones. Sin embargo, debemos insistir en la importancia de situar en las instalaciones recreativas del centro elementos que puedan servir de estímulo para todos los alumnos y alumnas. Naturalmente, dependiendo de la edad, habrá que instalar elementos diferenciados. Quizás con imaginación y aprovechando materiales que pueden tener también otros usos en otros momentos podemos equipar nuestros patios de materiales que puedan enriquecer las vivencias lúdicas de los alumnos.

Blázquez (1993) elabora un conjunto de propuestas con las que animar las instalaciones para la zona de recreo que transcribimos a continuación.

- Los patios pueden animarse con toboganes, con túneles construidos de distintos materiales, tuberías de gran diámetro, desniveles de terreno, columpios, espalderas, bicicletas, cajones desmontables para arena, objetos diversos para meterse dentro, bloques de madera o de plástico, neumáticos de coches debidamente pintados para rodar, pasar por en medio, etc.
- Suelos de cemento, tierra o baldosas en los que haya figuras geométricas: cuadrados, triángulos, tableros de ajedrez, juegos como la rayuela...
- En el patio podrían impartirse clases de manualidades, pintura y modelado; bastaría la instalación de poyetes de diversas alturas para uso múltiple, también utilizables para el descanso.
- Una plataforma elevada puede usarse como escenario, sirviendo de almacén su parte baja para guardar sogas, aros, material de manuales, etc.
- Uno de sus rincones puede utilizarse como rincón de guiñol, para que los niños representen sus propias creaciones.
- No son nada costosos unos muros, bien colocados con soportes para paneles, que a la vez que decorativos se utilicen para anuncios, avisos, etc.

Cuadro 4. Propuestas de reorganización del espacio (Unzurrunzaga, 1974)

REORGANIZACIÓN DEL ESPACIO

(Adaptabilidad. Grado 1º)

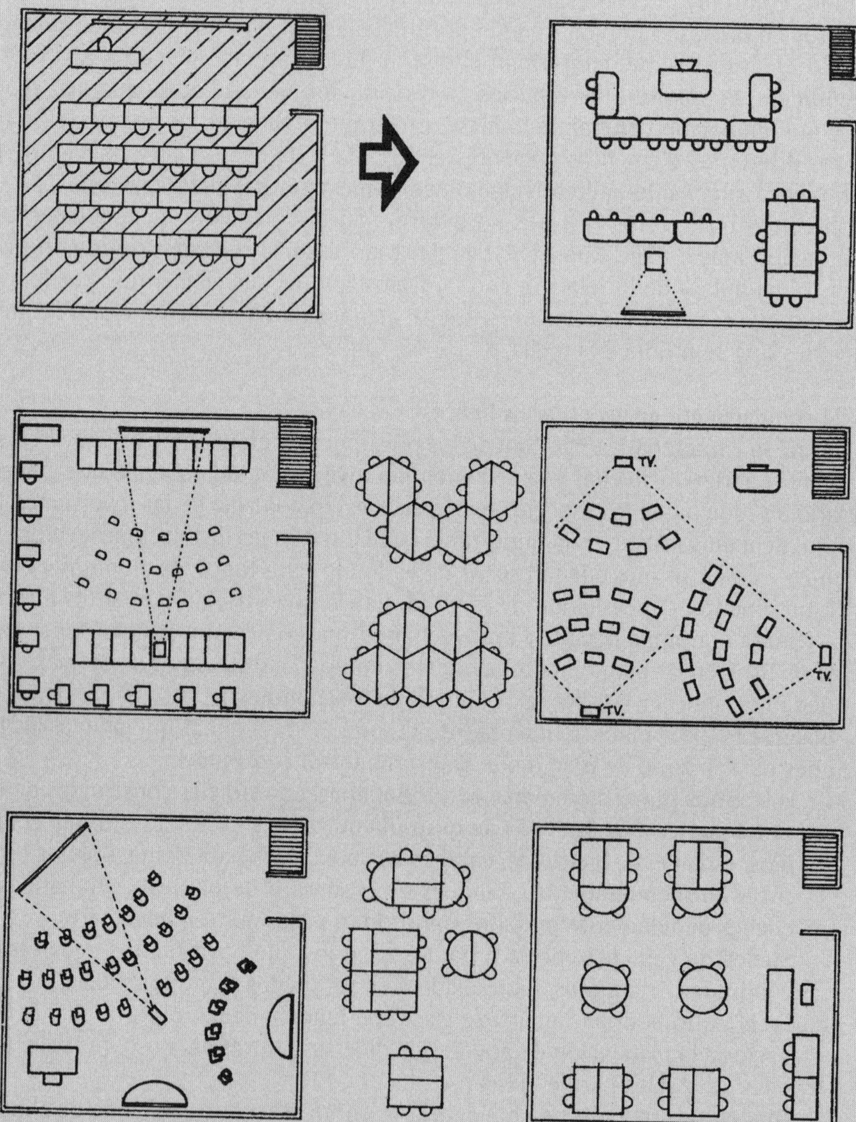

- Reorganización del mobiliario existente.
- Introducción de nuevo mobiliario.
- Uso de nuevas ayudas didácticas.

- Rincones de este espacio de los patios, atractivos y sugerentes, pueden utilizarse para relajación y concentración individual, o para jardín, huerto escolar, pequeña charca, etc.

Ampliando estos últimos aspectos debemos resaltar la posibilidad de que los elementos naturales del paisaje puedan estar integrados en el espacio de los patios y la utilización de equipamientos deportivos variados, no limitados exclusivamente al fútbol: instalaciones para el tenis de mesa, voleibol, o baloncesto, pueden ser recursos que favorezcan unas zonas mucho más creativas.

Materiales curriculares

En la acción educativa utilizamos cotidianamente un conjunto de elementos materiales, variables, de distinta configuración y uso, que tienen como función complementar la labor educativa, facilitar la adquisición de aprendizajes, aportar elementos de información básica, introducir modelos explicativos en el currículum, etc.

Estos «mediadores entre la persona y la realidad a aprender» (Gairín, 1994) son un elemento imprescindible que forma parte del espacio educativo y del aula.

Si defendemos una posición global del espacio y un análisis que, aunque parte de la estructura, analiza en profundidad el uso y las relaciones que se desarrollan en su seno, entenderemos que los materiales curriculares influyan en el proceso de aprendizaje del alumnado, constituyen un elemento clave para el desarrollo de los procesos educativos y forman parte del espacio escolar.

Tanto el tipo de materiales escogido, como su distribución en el centro y su colocación en el aula, son aspectos que pueden facilitar o dificultar dichos procesos. Otro aspecto que vale la pena analizar es el grado de participación activa del alumnado, no tanto en su selección básica (en lo que se refiere a este aspecto, la responsabilidad es del profesor o profesora) como en la necesidad de completarlos, enriquecerlos y utilizarlos convenientemente.

Tipos de materiales

Proponemos una clasificación de los materiales didácticos en función del uso, individual o colectivo, y de su ubicación específica, en el aula o en lugares comunes al centro, que nos permite analizar desde un punto de vista diferente su función y su estructuración en el proceso de enseñanza-aprendizaje. El resumen de esta clasificación puede verse en el cuadro 5.

Partimos de una función básicamente instrumental de estos materiales, que han de actuar como mediadores, como objetos de «indagación» (Gairín, 1994) que hay que valorar desde dos aspectos fundamentales: por su contenido, forma o diseño específico y por el uso que genera en una situación concreta, en un ciclo educativo, en un grupo de alumnos, a partir de la práctica del profesorado.

La reflexión sobre qué tipos de materiales hay en el aula y en el centro, cómo se utilizan y usan, cómo se distribuyen, el proceso de selección de cada uno de ellos, son aspectos que deben ser tenidos en cuenta por el conjunto de profesores. La decisión sobre cada uno de estos aspectos ha de ser una consecuencia de un análisis de las necesidades de los alumnos y alumnas de un centro, de su situación específica y de la de-

Cuadro 5. Tipos de Materiales

SEGÚN SU USO INDIVIDUAL O COMÚN
INDIVIDUALES
. Material de uso fungible . Libros y materiales curriculares
COMUNES
. Material de uso fungible . Material de consulta . Material didáctico específico de un área
SEGÚN SU UBICACIÓN
. De aula . Específico y común al centro

finición de las estrategias más convenientes en el proceso de enseñanza-aprendizaje.

Decidir si el material fungible será de uso individual o colectivo, qué tipo de material se utilizará, si invertiremos en una buena biblioteca de aula o en una instalación común para todo el centro, escoger tal o cual libro de texto, entre otras cuestiones, son aspectos que pueden condicionar el desarrollo del curso de una u otra manera.

Por lo tanto, llamamos la atención sobre la necesidad de que los centros educativos evalúen periódicamente la utilización del conjunto de materiales en las aulas, y tomen decisiones colectivas que afecten y vinculen al conjunto del profesorado. Los criterios de utilización de los materiales didácticos en el centro no son un aspecto que pueda estar en manos de cada profesor o profesora.

Pensemos por ejemplo en la adquisición de procedimientos y hábitos de trabajo en los alumnos. El uso de lápiz y bolígrafo, la utilización de hojas blancas o cuadriculadas, libretas o carpesanos de hojas recambiables... no pueden ser decisiones que dependan de los hábitos del profesor de asignatura o del tutor de la clase. El desconcierto que puede existir por los cambios entre un curso y otro, o entre un profesor o profesora y el siguiente no favorece en ninguna medida -siempre pensado en las etapas obligatorias- la adquisición de unos hábitos básicos de trabajo en el alumno, hábitos que, con el tiempo, pueden relativizarse en el momento en que dicho alumno adquiere la suficiente autonomía para trabajar.

La reforma, en cuanto a los materiales curriculares, ha insistido en la necesidad de extender una concepción de los materiales curriculares basada, sobre todo, en una diversificación y una gran flexibilidad. Se ha propuesto substituir el uso habitual de dichos materiales, que sostenía una concepción enciclopédica, global de la mayoría de ellos, por un uso mucho más dinámico e interactivo.

Los libros y materiales curriculares

Tradicionalmente, el material curricular básico utilizado en el aula ha sido el libro de texto. Todavía hoy, el libro de texto de uso individual es el instrumento más común en el espacio educativo.

Sin embargo, los planteamientos educativos de la reforma ponen un importante énfasis en la necesidad de diversificar y flexibilizar al máximo estos materiales de uso cotidiano en el aula.

Los avances constantes de la ciencia y del saber, la relativización de dichos avances, la obertura de nuevos medios e instrumentos que nos permiten acceder de forma rápida a nuevas informaciones, la multiplicación geométrica de los conocimientos a los cuales podemos tener acceso, la ampliación del entorno al cual puede tener acceso directo la escuela, son elementos que ponen en crisis la concepción de unos manuales en los que se clasifican y presentan los aspectos de la cultura y la ciencia que el alumnado debe saber.

El alumnado accede, a través de los medios de comunicación de masas o con los avances tecnológicos de las nuevas tecnologías, a una información sin límites. Pretender en este contexto encerrar el conocimiento socialmente relevante en las páginas de un libro de texto es tergiversar absolutamente el concepto de enseñanza.

No sólo estas razones objetivas en cuanto al contenido sino también el análisis de la utilización que los manuales y libros de texto inducen de forma directa, fundamentan las propuestas de diversificación y flexibilidad en las que se insiste desde los nuevos planteamientos educativos.

Es necesario que el trabajo en el aula de los alumnos se base en una multiplicidad de materiales, algunos de uso individual, otros de uso colectivo estructurados en una biblioteca de aula o, desde una concepción más amplia, en un espacio específico en el que están catalogados, clasificados y ordenados y puestos a disposición de los alumnos materiales diversos que pueden favorecer su aprendizaje.

Todas estas consideraciones no tienen por qué comportar una propuesta de desaparición de los libros de texto. Hay que tener en cuenta que la estructuración del trabajo educativo en el aula, basado en la aportación de una multiplicidad de materiales, que hay que buscar, seleccionar, y preparar de forma secuenciada para que los alumnos puedan utilizarlos de forma conveniente no es un proceso que pueda improvisarse. Es un proceso en el que el factor tiempo es importante y que de su valoración concreta depende las decisiones que se tomen en cada contexto.

Por otro lado, el libro de texto o, si se quiere, algún material de uso individual del alumno -que no tiene que ser forzosamente un libro de texto sino un material, estructurado y de soporte a la acción educativa- puede también tener un papel en esta nueva concepción del trabajo en el aula.

Sin embargo, queremos insistir en la necesidad de que los equipos docentes reflexionen sobre estas cuestiones y, en la medida que puedan, avancen propuestas alternativas. Consideramos de suma importancia que se realicen estos planteamientos si queremos dar respuesta a las necesidades educativas del alumnado y a los retos que la sociedad de la información plantea en la actualidad a la enseñanza obligatoria.

Funciones de los materiales curriculares

Los materiales curriculares tienen la función básica de complementar y servir de base a la actividad educadora que se desarrolla en el aula o en cualquier espacio educativo desde un punto de vista general.

En el apartado anterior ya hemos indicador la evolución, en los últimos tiempos que han sufrido estos materiales. En la escuela tradicional, los manuales, las enciclopedias o los libros de texto estructurados en lecciones o temas, eran el soporte escrito de las explicaciones del profesor, cuando no su substituto. El alumnado, al margen de sus propios conocimientos, tenía que aprender sus contenidos y la valoración de sus conocimientos se basaba, fundamentalmente, en su capacidad de recordarlos, memorizarlos y/o repetirlos.

Los cambios en la enseñanza llevan a concebir los materiales curriculares como un recurso más de apoyo a la tarea educativa. Pero ya no tienen una función recopilatoria sino que en todo caso, han de contribuir a motivar, informar, completar la información previa que ya se tiene, sugerir modelos de explicación, ilustrar los propios conocimientos. Estas funciones, podríamos pensar que cualquier manual o libro de texto, las cumple. Sólo depende del uso que el profesorado haga de él, para que estos libros se transformen de depósitos de saber en mediadores de la información que hay que estructurar y organizar a través de la tarea educativa.

En todo caso, hoy por hoy, también hay que demandar a estos materiales que puedan cumplir una función innovadora, ayudando a estructurar y organizar la información y el aprendizaje del propio alumnado, motivándolo en su propio itinerario educativo a la adquisición de nuevos conocimientos.

Características que deberían tener los materiales

Motivadores

Esta es la primera función que deberían cumplir, sobre todo los materiales que se utilicen de un modo introductorio. Los materiales deberían ser capaces de motivar en el alumnado el interés por el tema. Esta motivación puede conseguirse de formas muy diferentes:

- A través de la forma de los materiales. En la actualidad los medios audiovisuales son los que suelen tener una mayor aceptación por parte de las alumnas y los alumnos sea cual sea su edad. La utilización de vídeos, cómics, fotografías, diapositivas, etc., puede ser de gran ayuda para esta función.
- A partir del contenido propiamente dicho. Si plantea un tema relevante para el alumnado, con toda seguridad tendremos garantizada su aceptación. Por ejemplo, la sexualidad para un adolescente o la vida de los animales para un estudiante de ciclo inicial, son temáticas que no necesitan excesiva preparación para que los alumnos y alumnas respondan positivamente.
- Finalmente a través del propio planteamiento de los temas. La presentación de una situación problemática puede llevar a un determinado grupo de alumnos y alumnas a interesarse por un tema, que tenía poco interés para ellos hasta el momento.

Cuadro 6. Características que deberían tener los materiales

MOTIVADORES	. Los materiales tienen una función de motivar en el alumnado el interés por el tema.
INFORMADORES	. Deben dar una información lo más amplia, plural y diversa posible sobre los temas que se trabajan.
ORGANIZADOS DIDÁCTICAMENTE	. Propone una cierta secuenciación y organización del itinerario educativo del alumno.
POLIVALENTES, PLURALES Y VARIADOS	. Recoge puntos de vista diferentes. Deben poderse utilizar en diferentes situaciones, cursos, áreas, etc.
ESCOLARES Y NO ESCOLARES	. Pueden estar pensados especialmente para la escuela o no.

Informadores

Los materiales deben dar información de los temas a tratar. Esta información, de acuerdo con el nivel educativo específico, debe ser lo más extensa posible, siempre de acuerdo con el nivel educativo de que se trate.

Los materiales no deberían cerrar la puerta a ninguna información. No se trata de seleccionar la información mínima resumida sobre un tema, sino de abrir posibilidades de conocimiento a las alumnas y los alumnos. Los resúmenes o la información fragmentada no es excesivamente motivadora para el alumnado. No se trata de dar información exhaustiva pero sí de romper la fragmentación que el libro de texto nos da sobre la mayoría de aspectos y contenidos. Una buena manera de utilizar el libro de texto es dando información complementaria, organizada en carpetas o por cualquier otro método, de los propios temarios.

Orientados didácticamente

Deben estar estructurados y secuenciados convenientemente. Recogiendo las orientaciones didácticas para su utilización, proponiendo recursos complementarios, actividades a realizar, etc.

No proponemos unos materiales desorganizados, sino estructurados para que puedan cumplir otra de sus funciones, la de regulación y orientación, el aprendizaje individual y colectivo. Pero deben ser también flexibles al máximo. Esto quiere decir, que los materiales deberían permitir distintas respuestas de trabajo por parte del alumnado, y distintos planteamientos por parte de la profesora o el profesor.

Polivalentes, plurales y variados

Los materiales deberían tener una ductilidad que permitiera, por ejemplo, su utilización en más de un curso, o en diferentes niveles educativos o, incluso, en el trabajo concreto de diferentes áreas. Todos los profesores y profesoras aceptan, por ejemplo, la posibilidad de trabajar contenidos del área de lenguaje o de matemáticas, en áreas de conocimiento del medio natural o social.

Los materiales deberían recoger distintos puntos de vista, a ser posible. Pensemos en materiales escritos en el área de ciencias sociales. El contraste de informaciones u opiniones que nos pueden suministrar los diferentes materiales puede ser un elemento enriquecedor del proceso de aprendizaje.

Los materiales, deberían dar apoyo a diferentes itinerarios educativos de los estudiantes. La pluralidad de actividades sugeridas, el trabajo en rincones en ciclo inicial o educación infantil, la configuración de proyectos de trabajo distintos... implican organizar el currículum de una manera muy flexible, aspecto que es facilitado por el uso de unos materiales variados y polivalentes (y no por la utilización exclusiva del libro de texto). El tratamiento de la diversidad, clave para muchos profesionales de la educación en la actualidad, sólo puede tener una respuesta didáctica eficaz, con unos materiales didácticos que cumplan estas características.

Escolares y no escolares

Por último insistimos en la posibilidad de que los materiales que se utilizan en la escuela no sean exclusivamente materiales pensados para dicha institución. La utilización de materiales presentes en nuestra vida cotidiana, puede añadir un factor de innovación o de riqueza al tratamiento de determinados temas, aunque corramos el peligro de que el lenguaje, por ejemplo, no esté suficientemente adaptado a la realidad concreta y específica del grupo de alumnos y alumnas.

Abengoechea y Romero (1991) proponen una clasificación de las funciones de los materiales que nos parece interesante recoger (véase cuadro 7).

Espacio y materiales curriculares

Los materiales curriculares forman parte del espacio educativo. Pero en nuestra concepción global de espacio educativo, los materiales se diversifican y podemos encontrarlos en una multiplicidad de lugares. El aula, el aula «especializada», la biblioteca o mediateca escolar, los entornos informativos de la escuela, las redes virtuales...

En el proceso del itinerario educativo de cada alumno o alumna, podemos observar como la adquisición por una parte de autonomía en el aprendizaje y, por otra, de procedimientos y herramientas que le permitan encontrar y saber encontrar la información que precisa, conduce a una concepción diferente del espacio educativo, a un aula diferente. Un aula que va cambiando y adaptándose a las necesidades de cada etapa o nivel educativo.

El alumnado de educación infantil debe tener a su alcance la mayoría de materiales que precisa para su crecimiento intelectual y afectivo. Pero esto no quiere decir que, una vez traspasado el umbral de los primeros años de escuela, el aula deba convertirse en un lugar desprovisto de las herramientas necesarias para desarrollar el proceso de enseñanza.

A menudo observamos en las escuelas primarias, como las aulas de parvulario o de ciclo inicial están llenas de todo tipo de materiales. La creatividad aflora en las paredes y en los rincones de una escuela infantil: materiales visuales, posters, ilustra-

Cuadro 7. Funciones de los materiales

FUNCIÓN	DESCRIPCIÓN	EJEMPLOS
MOTIVADORA	Es el primer efecto que provoca su uso. Su signo en la formación de adultos puede ser positivo o negativo. Normalmente permiten ofrecer un aprendizaje «más real» y de forma más atractiva. No obstante, a veces, pueden provocar el aumento de ansiedad frente al aprendizaje.	Por ejemplo, el uso de una cartilla escolar para procesos de alfabetización en personas adultas puede provocar una barrera de aprendizaje por considerarse denigrante. El despliegue multimedia en adultos con escolarización deficiente y escasos hábitos de trabajo intelectual puede resultar un factor obstaculizante al inicio del proceso.
INNOVADORA	Cada nuevo medio que se utiliza plantea un nuevo tipo de intención entre el sujeto y el aprendizaje, lo que provoca que el modelo de comunicación varíe. Toda introducción de un nuevo medio en la estrategia genera cambios importantes en el desarrollo de la misma que han de ser planificados.	Si se introduce el vídeo en una clase de sensibilización hacia la calidad las posibilidades de retroalimentación con respecto al emisor varían, por lo que el rol del profesorado ha de acentuarse más en las habilidades de regulación de la comunicación que en ser la fuente de emisión.
ESTRUCTURADORA	Los medios representan y traducen la realidad. Durante su diseño y realización se codifican, organizan y ordenan los datos de la realidad y del conocimiento de un modo peculiar. esta estructuración depende tanto de los criterios de diseño como de las propias capacidades técnicas del medio.	Por ejemplo, un libro de consulta organiza y representa la realidad en función de la intención del autor y con un mayor grado de abstracción que un vídeo documental. Las transparencias nos muestran la realidad o el conocimiento a modo de flashes visuales que condensan la idea expresada por el ponente.
ORIENTADORA Y REGULADORA DEL APRENDIZAJE	Nos referimos a su capacidad para facilitar y organizar las acciones instructivas. El medio permite actuar como guías metodológicas organizadoras de las experiencias de aprendizaje. Es decir, permite orientar y guiar el proceso de enseñanza-aprendizaje.	Por ejemplo, el libro del alumno no sólo ofrece contenidos (escritos, visuales) sino que incluye recomendaciones, plantea ejercicios, orienta las respuestas, plantea preguntas, etc.
CONDICIONADORA DEL APRENDIZAJE	Respecto a esta función no existe un común acuerdo. Sin embargo, investigaciones como la de Mayer y Greeno (1972) parecen corroborar que los medios ejercen un impacto diferencial sobre el aprendizaje. Es decir, que el tipo medio utilizado puede condicionar el tipo de procesamiento de información que el sujeto va a realizar.	Este hecho puede ser importante cuando pretendemos emplear ciertos medios tecnológicos con sujetos habituados a un aprendizaje afianzado en hábitos de estudio soportados por medios tradicionales. Por ejemplo, el uso del ordenador como único medio de enseñanza en sujetos que presentan hábitos de estudio centrados en el dominio lectoescritor sobre soporte impreso.

ciones, álbumes de fotografía, juguetes, todo tipo de materiales manipulables, materiales reciclables, rincones de juego simbólico, etc. Sin olvidar que ya en muchas escuelas, el ordenador empieza a estar presente en estos niveles. En cambio, a partir del ciclo medio o superior, -y hablamos de un mismo centro educativo- las paredes se desnudan y parece como si el único material existente son los propios libros de texto del alumnado. Por no describir las aulas de muchos institutos de secundaria en las que las aulas están dotadas con un mobiliario aséptico y el material didáctico se reduce al que aporta el profesor o la profesora en el momento de la clase.

Seguramente estamos describiendo de una forma exagerada una situación no generalizable. Pero tampoco tan minoritaria como podría parecer. A nuestro modo de entender esta situación responde a una idea equivocada del progreso educativo y autónomo del alumnado en la enseñanza obligatoria. En dicho proceso el alumnado debe ir adquiriendo esta capacidad de encontrar la información que precisa, de completar fuera o dentro de la escuela -pero quizás no en el aula exclusivamente- los materiales, la documentación, los conocimientos que le ayuden en su proceso de enseñanza aprendizaje. Pero esto debe complementarse para seguir convirtiendo las aulas en lugares donde los alumnos encuentren una información básica, plural y diversificada al máximo.

Esto requiere una concepción polivalente del aula en la que, bien situados y al alcance de todos los alumnos y alumnas, bien clasificados y ordenados, se puedan encontrar aquellos materiales necesarios que pueden completar e incluso relativizar los conocimientos del propio profesor o profesora o del manual de la asignatura correspondiente.

Los materiales en el aula

En cada aula podemos distinguir entre los materiales de trabajo fungible y los materiales más propiamente didácticos. Estos materiales pueden ser de uso individual o común.

El material propiamente fungible lo forman el conjunto de útiles y herramientas de trabajo de que disponen los alumnos para desarrollar sus tareas. De la organización de este tipo de material, se desprenden dos tipos de situaciones concretas. La primera en la que el material es suministrado por el centro educativo y usado por los alumnos y alumnas en un régimen más o menos socializado. La segunda, en la que el material es aportado por cada alumno.

No nos pronunciaremos sobre la conveniencia de uno u otro modelo, ya que dependerá de cada contexto, pero hay que tener en cuenta que el trabajo con estos materiales tiene una incidencia en el desarrollo de hábitos de organización, estudio, colaboración, cooperación, etc.

En los materiales propiamente didácticos distinguimos entre el material de consulta, común a toda la clase y el material de uso individual. Este último pueden ser libros de texto, pero también libros de consulta.

Los materiales curriculares son un elemento dinámico en el espacio escolar y del aula. La diversificación de estos materiales es un buen elemento en los nuevos planteamientos educativos. Por lo tanto, esta diversificación ha de tener una clara expresión en el aula y en el centro educativo.

Tiempo y materiales

Por último quisiéramos remarcar la importancia que tiene para los propios centros, la reflexión y la toma de decisiones respecto a los materiales curriculares. El proyecto curricular debe recoger los criterios básicos de utilización y selección de dichos materiales y en la programación general anual, el profesorado debe destinar una parte de su tiempo al trabajo sobre los materiales.

Sin tiempo, resulta muy compleja la posibilidad de generar nuevos materiales, de reflexionar sobre los que se utilizan y de organizar de manera flexible aquellos libros y materiales de que se dispone para que sean utilizables al máximo por los alumnos y las alumnas... De ahí que una de las dificultades más importantes para conseguir que los centros asuman una utilización de los materiales curriculares más acorde con los principios pedagógicos requiere una gestión del tiempo escolar que tenga en cuenta la importancia de esta variable.

No pretendemos acabar de la noche a la mañana con los libros de texto. Sin embargo, debemos reconocer que dichos libros de texto condicionan el trabajo del aula y del profesorado. Suponen una ayuda, en tanto dan un conjunto de recursos, sistematizados y organizados, pero no facilitan que el profesorado se plantee la necesidad de introducir nuevos estímulos y propuestas diferentes en el trabajo del aula.

Estructura, uso y ambiente

Todos los elementos que forman el centro educativo tienen una influencia en el proceso de aprendizaje y entre ellos los que conforman el espacio educativo.

La interrelación de elementos espaciales, estructura, equipamiento y materiales, y su uso, configuran el clima escolar. Conseguir un ambiente o clima escolar, que favorezca que los estudiantes acudan a la escuela o al instituto y encuentren un conjunto de espacios que inviten al trabajo, al estudio, es uno de los objetivos que todo centro debe plantearse.

Conseguirlo depende de dos cuestiones fundamentales, la estructuración del espacio educativo y la relación que el conjunto de sectores de la comunidad educativa del centro establezcan con todos estos elementos. Al respecto debemos preguntarnos, por ejemplo, si propiciamos que el alumnado se apropie del espacio en el que desarrolla sus actividades. Si no lo hace suyo, difícilmente podrá desarrollar una actitud participativa en su propio itinerario educativo.

Esta afirmación es extensiva a otros aspectos relacionados con la educación pero cobra especial importancia en relación al espacio. Todo adulto quiere vivir en una vivienda agradable, que sienta como suya, en la que pueda tener un conjunto de elementos que le identifiquen. Estamos ante un espacio que es ocupado por el alumnado muchas horas a lo largo del día. En una escuela de primaria, por ejemplo, un alumno pasa una media de 6000 horas en el centro. Si durante este largo período de tiempo no le puede imprimir alguna característica propia no contribuiremos a que identifiquen el espacio escolar y, como consecuencia, el proceso de enseñanza que se desarrolla en él, como algo realmente propio.

Todos los espacios influyen en el quehacer cotidiano, y no sólo aquellos en los que se desarrolla de una forma más directa la labor docente. El ambiente escolar es uno de los aspectos más influyentes en la creación de un clima positivo para el aprendizaje y este ambiente empieza en el vestíbulo de la escuela.

Cuando entramos en un centro educativo, circulando por sus pasillos, o echando un vistazo en las aulas, fijándonos en el orden (o en el desorden), en la decoración, en los trabajos expuestos, en los carteles y rótulos, podemos sacar una primera impresión de lo que se hace en las clases, de cuáles son las metodologías que prevalecen.

Una escuela «ordenada» favorecerá la adquisición de hábitos ordenados de trabajo en el alumnado. Una escuela que «exponga» en sus paredes los trabajos de sus alumnos y alumnas, las actividades que organiza, las visitas culturales o las salidas y excursiones, las actividades de la asociación de padres o del alumnado... favorecerá una identificación de los miembros de su comunidad educativa con las actividades que se realizan. La información publicitaria en el espacio escolar, favorecerá la comunicación y, por lo tanto, el intercambio, lo que supone un primer paso hacia la participación y la reflexión.

¿En cuántas escuelas todavía, lo que se realiza en cada clase es un enigma para el resto del profesorado? Y nos estamos refiriendo a cualquier aspecto específico del trabajo en el aula, a los proyectos que se desarrollan o a las metodologías que se utilizan.

La identificación de la comunidad educativa con el centro escolar es uno de los elementos más importantes que pueden contribuir a la calidad educativa de los centros. Dicha identificación es un aspecto complementario a la necesaria apropiación que el alumnado debe ejercer sobre dicho espacio. El espacio escolar, a cuya imagen externa constituyen los elementos visibles, la decoración, los ambientes desde un punto de vista estético y funcional, contribuye sin ninguna duda a este objetivo. La imagen externa de un centro puede contribuir más a una buena actitud por parte de algunos sectores que el proyecto más innovador que, a menudo, tiene una apariencia excesivamente interna.

El centro educativo debe presentar buen aspecto, debe ser acogedor y agradable ya que ello es un indicador específico de cómo se desarrolla el trabajo educativo y las relaciones entre los diversos miembros de la comunidad educativa. A ello contribuye sin lugar a dudas una buena estructura, unas buenas instalaciones y un mobiliario adecuado. Sin embargo la no existencia de dichas condiciones óptimas no significa que no pueda crearse un ambiente positivo al máximo. Ahí es donde intervienen la comunidad educativa y el alumnado en particular.

El ambiente creado puede facilitar las relaciones interpersonales de los alumnos y alumnas entre sí y con el profesorado y puede servir para crear estímulos físicos, sensoriales, psicológicos.

Aspectos que configuran los distintos espacios escolares y las propuestas de cambio

En el cuadro siguiente hemos resumido el conjunto de aspectos que configuran los espacios escolares y aquellos factores, externos e internos, que pueden llevar a la necesidad de introducir cambios en algunos de los elementos espaciales.

Cuadro 8. Aspectos que configuran el espacio de un centro o la necesidad de introducir cambios

TIPO DE CENTRO Y UBICACIÓN

- Dimensiones
- Etapa educativas
- Medio rural o urbano

CAMBIOS QUE PUEDEN PRODUCIRSE CON PROPUESTAS DESDE EL EXTERIOR

REFORMAS EDUCATIVAS

- Cambios estructurales: cambios en la configuración de las etapas. En la ordenación del sistema educativo
- Cambios pedagógicos: nuevas materias, nuevas orientaciones

CAMBIOS EN EL ENTORNO

- Cambios en la matriculación
- Nuevas necesidades del entorno

CAMBIOS QUE PUEDEN PRODUCIRSE A PARTIR DE LAS PROPUESTAS DESDE EL CENTRO

SEGÚN LA ACTIVIDAD EDUCATIVA

Espacios instructivos, formativos o complementarios

SEGÚN LAS NECESIDADES CONCRETAS DE LA ACTIVIDAD

- Gran grupo
- Clase
- Seminario
- Pequeño grupo
- Trabajo individual
- Proyectos que suponen una adecuación de espacios específicos en el centro.

La configuración de los centros educativos en sus características espaciales básicas

Hay un conjunto de elementos que determinan la distribución básica del espacio escolar. Éstos son las propias dimensiones del centro, las etapas educativas que imparte, el medio en el que está inmerso, etc. A partir de estos datos, los centros tienen una estructura básica, que se puede modificar a partir de los requerimientos del proyecto educativo y curricular.

El espacio según la etapa

Las variaciones del espacio según la etapa educativa responden a la necesidad de adaptar convenientemente las estructuras, los equipamientos y los materiales didácticos a la edad y, por lo tanto a las actividades que desarrollaran los alumnos y alumnas.

La educación infantil

En la educación infantil, el aula es una prolongación del ambiente familiar.

Deben cuidarse los accesos y facilitarlos al máximo, tanto al aula como a los materiales en ella instalados. La presencia de muchos objetos, de rincones para organizar distintas tareas simultáneas, espacios donde poder realizar actividades psicomotrices o colectivas, etc. son características básicas de estas etapas.

Si el trabajo fundamental que se realiza está centrado en la adquisición de hábitos, esto nos lleva a globalizar la mayoría de actividades que los niños y niñas realizan en la escuela, tanto las propiamente educativas como las que desarrolla en el resto de horario escolar. comidas, almuerzos y meriendas, tiempo de descanso, trabajo sobre hábitos de salud e higiene, juegos, etc.

Esto nos lleva a una concepción del espacio en el que se desarrolla la actividad mucho más integrada. Por ejemplo, es lógico encontrar los lavabos y sanitarios en el interior del aula, adaptados convenientemente a su edad. En algunos centros, la sala de psicomotricidad sustituye a un gimnasio en el que las dimensiones pueden dificultar la actividad educativa psicomotriz.

El conjunto de áreas que podríamos tener en la educación infantil están integradas en un mismo ambiente: de circulación, para el movimiento, para la experimentación y manipulación, para el descanso, para el reagrupamiento...

Como aspecto específico de esta etapa hay que señalar la separación existente entre el primer ciclo de educación infantil que se desarrolla en los centros de educación infantil y el segundo ciclo que ha quedado integrado a partir de los años noventa en los centros de educación primaria.

Esta separación implica una cierta dificultad de coordinación y de planificación entre los dos ciclos de la etapa infantil, mientras que el segundo ciclo se integra y se coordina con mayor facilidad con el ciclo inicial de la educación primaria.

La educación primaria

En la educación primaria, el espacio se especializa de forma progresiva. También dependiendo de cada escuela y de las decisiones que tomen los equipos de profesores, la diferenciación con el parvulario será más o menos evidente.

La especialización nos lleva a considerar nuevos espacios de aprendizaje. Así se sale al patio o se va al gimnasio a realizar ejercicios de educación física, o al laboratorio o al aula de informática, etc. Es decir se buscan nuevos elementos en los espacios comunes y auxiliares de la escuela y, en todo caso, empiezan a instalarse cerca del aula, pero ya no desde una perspectiva global como ocurría en la etapa anterior.

Algunos profesores y profesoras creen que también en los ciclos de la educación primaria debe conservarse la riqueza de elementos y de estímulos de todo tipo, fundamentalmente materiales, que caracterizan la educación infantil. Así, continúan organizando talleres o rincones de trabajo específico, que les permiten organizar el trabajo de los alumnos y alumnas desde una perspectiva más diversificada, insisten en que el aula sea un lugar con muchos recursos, aunque los adaptan a las nuevas necesidades que tendrán las alumnas y los alumnos en cada etapa.

Es el momento de salir de la escuela para buscar otros estímulos y entornos para el aprendizaje (aunque se haya podido salir también en la etapa de educación infantil). El espacio externo se convierte en una fuente inagotable de información, experimentación y de posibilidad de comunicación. Las salidas, itinerarios, e incluso colonias escolares o estancias más o menos planificadas son corrientes en primaria.

La educación secundaria

Hasta ahora, en la educación secundaria ha prevalecido la estructura departamental, con lo que la especialización de los espacios se ha subordinado a esta estructura. En el marco de la nueva ordenación educativa debe compaginarse esta estructura con la necesidad de consolidar los equipos docentes de nivel o de ciclo. Ya que éstos tienen poca tradición en la enseñanza media, es imprescindible que los claustros tomen consciencia de la necesidad de volver a estructurar el espacio en función también de estas necesidades.

Hay que prever espacios de reunión para el profesorado que forme el equipo docente de un grupo determinado de alumnos y alumnas.

La flexibilización del currículum y el necesario tratamiento de la diversidad, ha de transformar los espacios educativos en esta etapa. La organización de créditos variables debe poder realizarse con comodidad y con las garantías suficientes para que dichos créditos estén en función de las necesidades de los alumnos y alumnas, y no sean ni consecuencia de las posibilidades del profesorado ni de las limitaciones espaciales del centro.

En cuanto al espacio para el alumnado, sucede un fenómeno parecido.

En primer lugar, en consonancia con la gradualidad definida en un apartado anterior entre la educación primaria y la secundaria, creemos importante señalar que el primer ciclo de la educación secundaria obligatoria debe ser un ciclo educativo puente entre la primaria y la secundaria. La organización del espacio en este ciclo debe alcanzar un mayor grado de autonomía para el alumnado respecto a la primaria, sin llegar a la especialización del bachillerato.

Que los alumnos y alumnas en la ESO tengan espacios propios, de referencia, es un principio a tener en cuenta, en un contexto en el que desaparece la vinculación del alumno a un aula concreta. Este fenómeno, seguramente necesario no puede provocar despersonalización en el centro docente.

Otro aspecto importante a resaltar es la necesidad en estas etapas de que los estudiantes dispongan de espacios propios en el centro. Este puede ser un buen medio de favorecer su participación en el conjunto de la vida del centro, junto con otras medidas que hay que tomar.

El centro según su ubicación

La ordenación del espacio de un centro debe adaptarse a la realidad concreta de su medio más cercano. Una política homogeneizadora, que aplique los mismos criterios en las zonas rurales, en las urbanas o semiurbanas, no dará respuesta a las necesidades diferentes que cada una de estas situaciones implica.

Además de las dimensiones concretas de un centro según el número de alumnos, hay que tener en cuenta cómo la política de construcciones contribuye a uno de los objetivos de cualquier planificación democrática: conseguir un buen equilibrio territorial.

Las zonas rurales

En los centros educativos en zonas rurales, debido a sus limitaciones en cuanto al número de alumnos y alumnas, hay que desarrollar una política compensatoria para que no se discrimine, en cuanto a instalaciones, equipamientos y recursos, por el coste elevado de las inversiones. Si calculamos el coste por alumno, nos daremos cuenta de que las escuelas rurales se dispara de forma geométrica.

Este aspecto, tuvo una respuesta equivocada en la política de concentrar los alumnos y alumnas de zonas rurales dispersas que se siguió en algunas zonas. El desarraigo que suponía para el alumnado o las consecuencias que cerrar la escuela tenía para las pequeñas poblaciones, demostraron el fracaso de estas políticas guiadas exclusivamente por el ahorro presupuestario.

En cambio la creación de zonas escolares rurales o los colegios agrupados[9] sirvió para racionalizar los espacios, equipamientos y recursos humanos de escuelas pequeñas que, aisladas, no podían tener todo lo que necesitaban.

En una escuela rural -incompleta, no graduada, unitaria- se comparte un mismo espacio para diferentes niveles y se intenta integrar todas las necesidades de enseñanza-aprendizaje. Por lo que el espacio debe ser flexible y funcional para poder acoger a grupos de diversos tamaños, debe permitir cambiar con facilidad las dimensiones de los grupos y debe poder adecuar los lugares de trabajo de forma rápida y sin excesivas complicaciones.

La flexibilidad que demandamos constantemente, se torna en estas escuelas una necesidad imperiosa, ya que en unos espacios más o menos globales, hay que compaginar la multiplicidad de tareas a desarrollar. De hecho, los espacios han de dar respuesta a las necesidades de organización derivadas de las decisiones metodológicas y didácticas.

En la medida que funcionan los proyectos comunes entre las escuelas agrupadas, la posibilidad de compartir recursos es muy común, por lo que incluso puede ser un buen estímulo para el trabajo de los alumnos y alumnas.

No debemos olvidar las dificultades de comunicación, ni tampoco la pobreza de determinados recursos en el medio cercano, lo que hace particularmente difícil tener todo lo que se necesita. Hay que reconocer sin embargo la gran creatividad del profesorado que trabaja en este medio, que es capaz de suplir las deficiencias de inversión de la administración con recursos generados desde el mismo centro.

En este sentido, el avance en las nuevas tecnologías y su llegada a la escuela, puede suplir en gran medida estos déficits de partida o de las condiciones del entorno.

---

9. Según la CC.AA. varía la nomenclatura. En dichas zonas se respeta la identidad de cada centro educativo pero se ponen en común determinados servicios, la estructura de gestión, etc. El profesorado de los centros forma un único equipo docente.

Las áreas metropolitanas y suburbiales[10]

Aunque la situación ha variado respecto a unos años atrás y los barrios de las grandes ciudades y de las áreas metropolitanas, empiezan a tener equipamientos de todo tipo, entre ellos los culturales, es evidente que la función que realiza un centro educativo en estos medios ha sido y es todavía cualitativamente diferente de la función que realiza un centro en las zonas con una renta per cápita más alta.

No podemos dejar de reconocer que, en alguna medida, la escuela puede ejercer una actuación compensadora. Compensadora de las diferencias existentes entre los alumnos y alumnas en función de su origen, de sus posibilidades económicas y sociales, de su situación familiar, de su cultura, entre otros elementos. ¿La configuración de los elementos que conforman el espacio escolar debe tener en cuenta esta situación? Nosotros creemos que sí, y por las mismas razones que pedimos una actuación diferenciada en las zonas rurales, es lógico pensar que los equipamientos o las inversiones estructurales en las áreas metropolitanas deficitarias, deben ser diferenciadas y adaptarse a sus necesidades específicas.

Hay barrios en los que la escuela es el único equipamiento cultural y deportivo. Esto debe implicar unas instalaciones (deportivas, biblioteca, etc.) abiertas a este entorno, lo que requiere no sólo unos recursos humanos, sino también una estructura que lo permita con facilidad. Por otra parte, desde el centro educativo se pueden facilitar lugares de estudio y de trabajo al conjunto de alumnos y alumnas que, quizás, tendrán dificultad de encontrarlo en el medio familiar.

Aunque sea muy difícil que estas diferencias de origen no se conviertan en desigualdades profundas, es lógico pretender que los centros educativos aminoren sus efectos y contribuyan, desde una actuación compensadora, a disminuir las consecuencias, para poder trabajar por una igualdad de oportunidades de todo el alumnado, sea cual sea su situación de partida. En este campo, la intervención de la administración local es muy importante.

Las dimensiones de los centros

Aunque las dimensiones de los centros no tienen que ver sólo con su ubicación, queríamos apuntar una serie de notas al respecto.

Ya hemos hablado de las limitaciones que las escuelas cíclicas y unitarias tienen, en cuanto que las inversiones que hay que hacer en ella elevan muchísimo el coste por alumno.

Seguramente no existen unas dimensiones ideales, pero en una situación de recursos limitados hay que tener en cuenta:

Los centros de educación infantil deben tener un número reducido de alumnos, ya que la mayoría de actividades tienen denominadores comunes y pueden estar globalizadas a nivel de todo el centro.

10. Hemos consultado un curioso trabajo de P. Ribera: «Notas para un posible modelo de escuela en barrio de recepción de inmigrantes», publicado en *Cuadernos de Arquitectura y Urbanismo*, nº 85, marzo-abril 1972, P. 4. Este trabajo es un planteamiento desde un punto de vista ideológico del papel que debería jugar una escuela en una situación en la que debe actuar como medio de compensación de desigualdades básicas y de integración social.

Las escuelas de educación primaria de una sola clase por nivel, dificultan las combinaciones del profesorado, sobre todo con la introducción de los especialistas.

Los institutos de secundaria deben tener un número de grupos suficiente para que las fórmulas que concreten el tratamiento de la diversidad y la opcionalidad puedan realizarse de forma cómoda.

Cuánto más disminuye la ratio de alumnos por clase, mayor es el aumento del coste ya que los costes de infraestructura, equipamiento, mantenimiento, recursos humanos, pueden ser prácticamente los mismos.

Los centros de tres líneas o más, tienen la dificultad de despersonalizar el trabajo tanto de los alumnos y alumnas como del profesorado. Si, además, esta triple línea se hace a costa de sacrificar espacios comunes en el centro, las consecuencias no son en absoluto positivas.

El espacio escolar en el contexto de la reforma

Políticas educativas y espacios escolares

Desde un punto de vista histórico, podemos observar cómo las distintas forma adquiridas por el espacio escolar, las políticas de construcciones escolares, los diseños arquitectónicos, han respondido a los planteamientos concretos de las administraciones educativas (Visedo, 1988). Estudiando la evolución del edificio escolar podemos observar su relación con dichas políticas educativas, condicionadas como siempre por las políticas económicas.

La escuela graduada impuso la necesidad de organizar el edificio escolar en base a aulas. En su evolución, la escuela graduada ha padecido los criterios administrativistas, que han supuesto un gran anquilosamiento del concepto de espacio escolar que se ha basado, fundamentalmente, en el aula como lugar en el que se agrupan alumnos y alumnas de una misma edad.

La historia de la arquitectura escolar en nuestro país está caracterizada fundamentalmente por la primacía básica de este elemento modular básico, acompañado de una insuficiente flexibilidad en los espacios y en los agrupamientos que propone. La primacía de los costes de la escolarización, unos sistemas centralizados y una nula participación de los destinatarios de los edificios en la elaboración de los proyectos, son los elementos que caracterizan la historia de las edificaciones escolares en nuestro país (Visedo, 1988).

Es curioso observar como las normativas que se elaboran inmediatamente después de ser promulgada la Ley General de Educación (1970), constituyen unas orientaciones avanzadas, con un planteamiento polivalente en la que el espacio gira al entorno del aula, pero con un amplia flexibilidad, dando importancia a los espacios comunes y polivalentes como ámbitos imprescindibles del trabajo en el centro. Sin embargo las restricciones presupuestarias llevan a modificar estos criterios (1974) y a insistir en la clásica yuxtaposición de aulas.[11] De nuevo van a prevalecer más sobre la planificación los criterios administrativos, que los pedagógicos.

---

11. Orden Ministerial de 14 de agosto de 1975.

Los centros educativos se habían proyectado en este país con una planificación inadecuada o inexistente, y es así como la escolarización obligatoria de toda la población escolar desde 6 a los 14 años, provocó grandes disfunciones en los edificios construidos. El crecimiento progresivo de la población en las zonas industriales coincidió con la implantación de la reforma de la Ley General de Educación, lo que provocó muchos déficits escolares que tuvieron que subsanarse con el aprovechamiento máximo de los centros existentes y los que se construían de nuevo. Centros para una capacidad de 400 alumnos se utilizaban para dar cabida a poblaciones de 600 o 700 alumnos y alumnas, lo que se conseguía por lo general sacrificando espacios comunes. Por otra parte se construían edificios provisionales que se convertían en cuasi definitivos con el paso de los años.

La llegada de la democracia situó un nuevo marco político en el que las demandas de escolarización de la población en general se hicieron mayores todavía. Con los primeros ayuntamientos democráticos empiezan a escolarizarse de forma generalizada los niños y niñas de 4 y 5 años (los de 3 años lo harían ya en un momento de gran descenso de la natalidad) lo que supuso una complicación más en el proceso de escolarización. Las construcciones acordadas por todas las fuerzas políticas en los Pactos de la Moncloa llevaron a la práctica la escolarización generalizada de la población infantil de 4 a 14 años, pero a costa de nuevo de una utilización intensiva de los edificios existentes y de la construcción de edificios provisionales (barracones), sobre todo en las zonas más pobladas como los áreas metropolitanas y las poblaciones que habían sufrido un fuerte proceso migratorio. Estos edificios carecían de los espacios complementarios necesarios para desarrollar la labor docente.[12]

La escuela pública empezó a superar esta situación a finales de los años 80, cuando el descenso vertiginoso de la natalidad de la población, tuvo como consecuencia un descenso progresivo de la matrícula. Se empezaron a recuperar espacios y a oxigenar los centros educativos. Incluso, unos años más tarde, la escolarización de alumnos de 3 años no supuso un gran problema para los centros a excepción de la necesidad de adaptar convenientemente, en cuánto a los equipamientos, los espacios que tenían que acoger a estos alumnos.

Sin embargo, la nueva ordenación del sistema educativo (LOGSE) ha planteado nuevos problemas desde un punto de vista estructural. Tanto las nuevas necesidades educativas planteadas -en las que no extenderemos más adelante- como las nuevas necesidades de escolarización hacen necesaria la adecuación de los edificios actuales (institutos de enseñanza media, de bachillerato y de formación profesional) y la construcción de nuevos edificios. El gran coste que esto supone ha sido una magnífica excusa para algunas administraciones que no han aplicado a fondo las propuestas de la reforma, y han optado por la solución más fácil y menos comprometida: cambiar los rótulos de las aulas de 7º y 8º de EGB por las de 1º y 2º de ESO.

Valgan estos datos para ver como el espacio es un elemento relacionado con las

12. Todavía hoy podemos encontrar edificios, construidos hace años, en una completa provisionalidad. Se ha llegado a construir módulos provisionales (caracolas) con aire acondicionado, pero con un espacio polivalente que sirve como biblioteca, secretaria y sala de reuniones. Estos «edificios» tienen incluso fecha de caducidad.

políticas educativas y económicas y que, como ya hemos señalado, los criterios administrativos pasan por encima de los pedagógicos. Sólo el descenso de la natalidad, como ya hemos señalado, puede dar un respiro a los centros, al hacer posible la liberación de espacios que puedan ser redistribuidos o remodelados para desempeñar nuevas funciones o recuperados para las que habían sido diseñados.

Los cambios de la LOGSE y el espacio escolar

Toda macroreforma educativa tiene consecuencias en la organización del espacio escolar y, sobre todo, reformas como la LOGSE que plantean cambios en todos los aspectos del sistema educativo: en los relativos a la ordenación y planificación general y en lo que concierne a los planes de estudio.

Veamos algunos de los cambios que se plantean y como deben ser tenidos en cuenta en relación a la organización del espacio.

Nueva estructura de las etapas

Los cambios que supone la reforma en cuanto a la ordenación de las etapas educativas, plantea, en teoría, una nueva tipología de centros educativos [13] basada en centros de educación primaria que acogen a alumnos de 3 a 12 años y centros de educación secundaria con alumnos y alumnas de 12 a 16 o 18 años.

Los alumnos y alumnas de 12 a 14 años que cursaban 7º y 8º de EGB, pasan a cursar la educación secundaria obligatoria. La extensión de la obligatoriedad de la enseñanza alcanza a todo el alumnado hasta los 16 años, lo que supone también un cierto incremento de la población escolarizada, aunque los índices de escolarización de 14 a 16 años ya eran muy elevados en el período anterior.

Por otra parte, prácticamente se ha terminado el proceso de escolarización de alumnos de tres años. Como aspecto a destacar, en algunas zonas y municipios (por lo menos en Catalunya) se están planteando la posibilidad de escolarizar en los centros públicos los niños y niñas de dos años, mientras que algunas organizaciones educativas están planteando la posibilidad de estudiar la adaptación de espacios escolares en centros de educación primaria, con el fin de empezar a crear escuelas infantiles de primer ciclo.[14]

Planteamiento educativo de la educación infantil

Este planteamiento ha sido muy importante para el conjunto de las escuelas in-

---

13. Nos referimos fundamentalmente a los centros públicos. Este proceso no se está desarrollando de manera uniforme en todas las Comunidades Autónomas. Sólo Navarra, Euskadi y Catalunya ha optado claramente por esta tipología de centros. Por otro lado, la estructura de los centros privados es muy variada coexistiendo centros que tienen una oferta 3-18, otros que han ampliado la educación primaria con el primer ciclo de la educación secundaria y algunos que han optado por ofertar sólo educación primaria y llegar a acuerdos con centros privados cercanos que ofrecen educación secundaria.

14. MUCE (Marc Unitari de la Comunitat Educativa), «El 0-3 hi és» (el 0-3, «existe»). El MUCE es una organización que agrupa a sindicatos de enseñanza, Movimientos de Renovación Pedagógica y FAPAC (Federació d'Associacions de Pares i mares d'Alumnes de Catalunya). Ha iniciado una campaña, durante el curso 96-97, para exigir que la administración catalana planifique la primera etapa de la educación infantil.

fantiles. Antes de la LOGSE, las escuelas infantiles de 0 a 3 años, no tenían un carácter educativo[15] de forma obligatoria y generalizada, por lo que muchos centros, sin ningún control por parte de la administración educativa, no guardaban las mínimas condiciones en cuanto a espacios y equipamientos.

La consideración educativa de esta etapa lleva forzosamente a la revisión de los espacios escolares destinados a niños de estas edades, así como los equipamientos, los horarios y la preparación del personal educativo.

Sin embargo, la falta de planificación y de control por parte de la administración educativa y su delegación en muchos casos a la iniciativa privada o a la administración local, tiene como consecuencia que los cambios en esta etapa, no se consideren todavía suficientes y no alcancen a todos los centros existentes.

Incorporación de forma generalizada de nuevas áreas de trabajo y especialistas en la educación primaria

Por primera vez empieza a generalizarse el trabajo de los especialistas en los centros de educación primaria. Nos referimos a las especialidades de música, educación física e idioma fundamentalmente.

Este aspecto y la incorporación de las nuevas tecnologías y, en primer lugar, la informática supone la necesidad de tener en las escuelas, aulas específicas para estas funciones.

Como señalábamos, en algunas escuelas ha sido posible recuperar espacios con este fin que, en los próximos años, hay que ir equipando con los elementos materiales necesarios para que cumplan eficazmente su función,

Carácter comprensivo y tratamiento de la diversidad de la educación obligatoria

El carácter comprensivo y el tratamiento de la diversidad plantea, sobre todo en la etapa secundaria, la necesidad de organizar los espacios para atender estos objetivos. La atención a la diversidad requiere un espacio diversificado que permita la organización de la opcionalidad a través de actividades simultáneas, créditos variables... Esta diversidad implica la posibilidad de itinerarios diferentes para el conjunto de alumnos y alumnas que cursan la educación secundaria obligatoria.

Estas necesidades llevan a prever no sólo la posibilidad de un mayor número de espacios en los centros, sino también de espacios de diferente tamaño y polivalentes en los cuales se puedan desarrollar actividades diferentes, de acuerdo con los proyectos curriculares específicos.

Parece ser que el éxito en la aplicación de la reforma en la educación secundaria, les de aquellos centros que son capaces de diversificar al máximo el currículum, manteniendo la comprensibilidad del tronco común para todos los alumnos y alumnas. Sería absolutamente contradictorio que pensáramos en unos centros de secundaria que aplicaran estos principios de diversificación curricular, con aulas absolutamente homogéneas, en consonancia con una concepción rígida del espacio educativo.

15. También es cierto que muchas administraciones locales por una parte, y movimientos cooperativos de padres y madres, habían puesto en funcionamiento escuelas infantiles con unos objetivos claramente educativos y no meramente asistenciales.

Nueva concepción del ciclo educativo

Plantear el funcionamiento en ciclos educativos no es un aspecto nuevo, exclusivo de la LOGSE, ya que a principios de los años ochenta, con las reformas parciales de las antiguas etapas de la EGB, ya incorporaron esta concepción abierta y flexible en el desarrollo del currículum.

La organización en ciclos posibilita un «sistema más flexible que proporcione mas respuestas adecuadas a la heterogeneidad de los estudiantes» (Antúnez, 1994) Esta organización en ciclos puede tener consecuencias en la organización del espacio que puede llegar a plantearse soluciones cíclicas a la distribución espacial. Si los objetivos y el currículum pueden marcarse por ciclos, se ponen las bases de una utilización diferente del espacio escolar, en la que es posible programar actividades de «ciclo» que faciliten el tratamiento de la diversidad o la atención a la heterogeneidad de alumnos y alumnas de los dos niveles de cada ciclo.

Otros aspectos

El capítulo IV de la LOGSE está dedicado a la calidad educativa. Y es evidente que esta ley plantea la necesidad de aumentar la calidad de forma generalizada en todos los centros. Se insiste, tanto desde la ley, como desde las ordenaciones legislativas posteriores o la literatura generada, en aspectos como la importancia de la formación permanente del profesorado, la necesidad de un trabajo autónomo por parte de los enseñantes, la incidencia del trabajo en equipo y de los procesos colectivos de evaluación, etc. Todos estos aspectos deben traducirse en el espacio escolar, insistiendo en la concreción de equipamientos diversos y de calidad que faciliten estos nuevos objetivos.

El trabajo individual y en equipo del conjunto del profesorado debe poder desarrollarse de forma eficaz. La presencia de orientadores o la posibilidad de trabajar interdisciplinariamente, nos lleva también a la necesidad de pensar de forma generalizada cómo deben resolverse estos principios desde un punto de vista espacial.

Finalmente, recordamos que la reforma también plantea cambios en relación a la concepción de los materiales curriculares, que también tienen consecuencias en el espacio escolar. Éstos son analizados específicamente en un capítulo posterior.

La continuidad del espacio y del tiempo en los períodos de transiciones del sistema educativo

La consideración de un continuo curricular en el conjunto de etapas que configuran la educación obligatoria, supone un aspecto específico que puede implicar necesariamente cambios en la organización del espacio educativo.

La aplicación de la reforma educativa ha supuesto que esta coherencia del desarrollo del currículum tenga dificultades para desarrollarse debido, entre otras razones, a la existencia de culturas diferenciadas entre el profesorado de la antigua EGB y de los centros de enseñanzas medias y al hecho de que la reforma se sustente en una estructura diferenciada de centros, en la que en unos edificios se encuentra el segundo ciclo de la educación infantil y la educación primaria y en otros la educación secundaria obligatoria y los bachilleratos.

Esta separación de edificios se complica en el momento en el que la administración no establece unos itinerarios educativos para el alumnado que faciliten esta coordinación de criterios pedagógicos. Si los alumnos y alumnas que provienen de un centro de primaria pueden matricularse en una diversidad de centros de secundaria y, por otro lado, los centros de secundaria matriculan alumnos y alumnas provenientes de una gran multiplicidad de centros de primaria, esta coordinación pedagógica, organizativa y curricular, es prácticamente imposible.

Esta coordinación es muy importante con el fin de garantizar que el paso de la educación primaria a la secundaria no incida negativamente en el proceso educativo del alumnado, sino que pueda tener como consecuencia un mayor rendimiento y unas mayores oportunidades para todos ellos.

Esta coordinación entre las dos etapas que forman el período obligatorio de escolarización de todos los alumnos y alumnas, no implica necesariamente que el tratamiento del espacio en las dos etapas tenga que ser idéntico. Pero de la misma manera que pensamos que la configuración del espacio en un aula de parvulario o de ciclo inicial y un aula de ciclo superior no debe ser la misma, y que cada alumno o alumna que asiste a un centro de primaria debe ir adaptándose a los cambios progresivos que se van planteando, entendemos que entre el ciclo superior de primaria y el primer ciclo de educación secundaria obligatoria debe haber un cambio y una continuidad.

Las decisiones que se tomen al respecto en los centros de secundaria no pueden trasladar esquemas de funcionamiento del antiguo BUP o la FP de primer grado al primer ciclo de la ESO. El profesorado en dicho centro debe intercambiar información y criterios con el profesorado de primaria de los centros de procedencia de sus alumnado, para planificar unos cambios progresivos pero no bruscos.

En cuanto al tratamiento del espacio observamos que existen notables diferencias entre las diferentes etapas educativas. Por ejemplo, y desde un punto de vista general, en la educación primaria hay una organización del espacio mucho más flexible, mientras que en la educación secundaria, hay unos esquemas organizativos más rígidos (que se combinan con un tratamiento determinado de la variable tiempo).

Gimeno (1996) señala que:

> *La posibilidad de desenvolverse libremente en el espacio es una de las más elementales manifestaciones de la libertad y una de las libertades que la institución escolar se ve obligada a regular de forma inmediata para hacer factible su funcionamiento.*

y que, paradójicamente, se observa cómo se restringe mucho más la posibilidad de movimiento en el aula al pasar a una etapa educativa, la secundaria, en la que se insiste en la mayor capacidad de participación de los alumnos y alumnas en el control y la gestión de la enseñanza. Así:

> *La posibilidad de que la estructura de relaciones interpersonales que existen entre los estudiantes -el llamado psicogrupo- se manifieste espontáneamente en la vida cotidiana se irá relegando a espacios fuera del aula.*

Si:

> *En primaria el territorio de las clases está regulado con una cierta flexibilidad, mientras que los espacios-tiempos exteriores están más controlados, al pasar al bachille-*

Cuadro 9. Cambios de la reforma e implicaciones en el espacio

CAMBIOS	IMPLICACIONES EN EL ESPACIO
NUEVA ESTRUCTURACIÓN DE LAS ETAPAS	Necesidades de espacios en la educación secundaria, liberación de Espacios en la educación primaria, planteamientos de escolarización en la primera etapa de la educación infantil.
CONSIDERACIÓN EDUCATIVA DE LA ESCUELA INFANTIL	Aplicaciones de requisitos mínimos en cuanto a espacios, equipamiento y profesorado.
ESPECIALISTAS Y NUEVAS ÁREAS EN LA EDUCACIÓN PRIMARIA	Nuevos espacios equipados convenientemente.
COMPRENSIÓN Y TRATAMIENTO DE LA DIVERSIDAD	Espacios suficientes para atender los diferentes itinerarios educativos que se planteen.
MEJORA DE LA CALIDAD EDUCATIVA	Mejora general de los espacios de los centros educativos.
FORMACIÓN DEL PROFESORADO. TRABAJO EN EQUIPO. AUTONOMÍA DEL PROFESORADO	Espacios de calidad para el trabajo individual y colectivo, tutorías, evaluación, preparación de clases.
CONTINUIDAD Y COORDINACIÓN ENTRE LA EDUCACIÓN PRIMARIA Y SECUNDARIA	Medidas para garantizar unos criterios generales progresivos en cuanto a la utilización del espacio por los mismos alumnos y alumnas al cambiar de centro y etapa.

rato el esquema se invierte: las aulas son un territorio más controlado y en cambio fuera habrá más libertad e independencia.

Gimeno señala también como uno de los fenómenos más significativos en la comparación entre el funcionamiento de la educación primaria y la secundaria, que una de las formas más comunes de castigo en la enseñanza media sea la expulsión del aula. Esta negación del espacio escolar para el alumno o alumna que cometa una falta de comportamiento, es un fenómeno digno de reflexión.

Sirvan estas notas para señalar que las decisiones que toma el profesorado de educación primaria y de secundaria sobre el espacio, son unos elementos interesantes para el debate. Si la gradación -que en ningún caso debe significar uniformidad- ha de ser una de las características de la evolución del itinerario educativo del alumnado en la enseñanza obligatoria, el tratamiento del espacio en el centro, debe formar parte también de esta gradación y debe ser objeto de reflexión y de coordinación entre el profesorado de las dos etapas.

Cambios internos en la organización de los elementos que configuran el espacio escolar

¿Por qué los centros deben introducir cambios en el espacio escolar?

Esta publicación no trata ni de orientar el trabajo de arquitectos o urbanistas ofreciéndoles unos criterios de cómo deben ser los espacios educativos ni tampoco pretende ofrecer a los educadores un conjunto de modelos generales de cómo deberían ser las escuelas, tan difíciles de llevar a la práctica que no sirvieran para el propósito que nos hemos marcado: conseguir que el profesorado reflexione sobre los elementos que configuran el espacio y que intente modificarlo en la medida que le sea posible de acuerdo con su propio proyecto y con la evaluación que realice de su uso.

Todo cambio supone una reflexión del equipo docente. De la misma manera que el proyecto educativo de un centro debe ser objeto de reflexión y evaluación periódica constante, también lo es la utilización del espacio escolar. No somos partidarios de cambios que no partan del propio centro y que sean, por ejemplo, consecuencia de modas o requerimientos impuestos desde el exterior. Todo cambio impuesto y que no sea asumido por los que se encargan de ponerlo en práctica, tiene muchas posibilidades de provocar resistencias y de ser condenado al fracaso.

Que los cambios estructurales sean difíciles no significa que no tengamos un amplio margen de actuación. Éste puede tener en cuenta los elementos estructurales, pero puede centrarse fundamentalmente en la distribución y aprovechamiento de la estructura existente, y en el resto de aspectos que configuran el espacio educativo, fundamentalmente en las modificaciones que se puedan realizar en el equipamiento escolar y en los materiales didácticos.

¿Por qué cambiar el espacio? Fundamentalmente para conseguir mejorar el proceso educativo del conjunto de los alumnos y alumnas, para adaptar mejor las programaciones y los planes de estudio a las necesidades pedagógicas y educativas del centro. También, como ya hemos señalado, para adaptarse mejor a los nuevos requerimientos producidos por las reformas y por los cambios estructurales. En definitiva, para intentar mejorar la calidad de la enseñanza que se da en los centros.

Este trabajo de reflexión y remodelación del espacio educativo, debe partir del equipo de docentes, pero debe realizarse con el conjunto de sectores de la comunidad educativa, teniendo especial cuidado de que los alumnos y las alumnas del centro participen en los cambios que se propongan, con el objetivo de que hagan suyo el espacio, como lugar en el que desarrollan de forma fundamental su propio itinerario educativo. Los espacios pasan a ser o no de los alumnos en la medida en que estos los utilizan y transforman, no porque estén en él de forma permanente.

El análisis del proyecto educativo y de la programación general nos debe llevar

Cuadro 10. Variables pedagógicas en la distribución y redistribución de los espacios escolares

MODELOS	VARIABLES
INSTRUCTIVOS	Estrategias metodológicas: uso de laboratorios, talleres, individualización, socialización, posibilidad de opciones múltiples para el alumnado...
EDUCATIVOS	Orientación escolar y profesional, tutorías, valor que se otorga a la educación física, musical, etc.
ORGANIZATIVOS	Graduación, semigraduación, agrupamiento del alumnado, enseñanza en equipo, coordinación del profesorado, administración, etc.

a analizar la distribución del espacio y de los elementos materiales que los acompañan para ver si, en realidad, responde a los principios pedagógicos y educativos o, por el contrario, constituyen unos condicionante negativo de ellos.

Desde un punto de vista pedagógico, Antúnez y Gairín (1988) señalan un conjunto de variables que influirán según los modelos instructivos, educativos y organizativos.

La reflexión educativa entorno al espacio

El espacio escolar tiene una gran importancia, en la medida que el desarrollo del aprendizaje humano se basa en la interacción del individuo con el ambiente que le rodea. Sin embargo, tal como hemos analizado, las dificultades o las pocas posibilidades de cambio que el espacio permite -el espacio es una variable presente y que permanece inalterable en la mayoría de sus aspectos- lleva al profesorado a aceptar la configuración del espacio como algo inalterable o de muy difícil transformación. Pero si el espacio no es conquistado también por el profesorado para sus propios propósitos, llegaremos a la conclusión de que los condicionantes del espacio determinan a su vez la actuación del profesorado.

Si la reflexión sobre la propia práctica es uno de los elementos claves del desarrollo de la profesionalidad docente, ésta debe analizar también la influencia del espacio en la actividad educativa para ver cómo los elementos que están a nuestro alcance, condicionan los mecanismos de aprendizaje de los alumnos y alumnas, pero pueden ser modificados en alguna medida. Hay que recordar que el espacio es un contenido curricular, singularmente en las áreas de ciencias físico-químicas, sociales, de expresión visual y plástica, dinámica y musical.

El modo en que se configura el espacio escolar responde a una determinada concepción de la enseñanza. Sea de forma explícita o implícita, la realidad es que el espacio puede condicionar los procesos de aprendizaje y que determinadas concreciones del espacio escolar tienen como consecuencia la primacía del trabajo rutinario dirigido a un grupo heterogéneo u homogéneo de alumnos y alumnas.

Si la enseñanza debe consistir en que un profesor o profesora imparta unos conocimientos previamente seleccionados, uniformemente, a un grupo de 25, 30 o 40 alumnos y alumnas, la disposición de los centros educativos basada en las aulas responde a esta expectativa. Pero esta concepción falla cuando se entiende la educación como un proceso más complejo de profunda interacción entre el individuo y el medio.

Por lo tanto, la reflexión sobre estos aspectos puede ser un buen instrumento de consolidación de una nueva cultura de centro, siempre que dicho análisis recoja las variables de carácter físico y los aspectos de carácter relacional. Si a partir de esta reflexión decidimos colectivamente intervenir en el edificio escolar y en cualquiera de los elementos que forman y configuran el espacio, habrá que hacerlo teniendo en cuenta cuales son los objetivos. Según la naturaleza de éstos, la intervención será de un tipo o de otro.

Si nuestro objetivo es profundizar en la flexibilidad de las actividades, los espacios deberán poderse transformar unos en otros. Si los objetivos pasan por consolidar el trabajo del equipo docente, habrá que procurar que haya lugares para el trabajo individual y colectivo del profesorado, de fácil intercomunicación. Si se quiere primar la multiplicidad de funciones de los espacios se optará por lugares amplios, módulos intercambiables, insonorización, etc.

Todo espacio debe permitir, de forma general, una comunicación variada en la clase, que los materiales y los recursos se encuentren fácilmente, que los procesos de experimentación y observación puedan realizarse con comodidad, que el trabajo del alumnado pueda ser cooperativo o colaborativo a la vez que se resguarde un ámbito para el trabajo individual, que se favorezca la creatividad y la expresión libre de los alumnos y alumnas.

Las modificaciones de los centros, realizadas a partir del ejercicio de su autonomía organizativa y curricular, pueden tener en cuenta:

- La estructuración de las actividades educativas. Por ejemplo, un centro que se plantee agrupamientos diferentes de alumnos y alumnas, según el tipo de actividades a realizar, necesitará espacios para reunir a un pequeño grupo o un seminario, espacios para el grupo -clase, espacios para un gran grupo, incluso espacios para reunir a todo el centro, sin olvidar el trabajo individual de cada alumno.
- Las características específicas concretadas en el proyecto educativo o en la programación general anual. Por ejemplo, un centro que de prioridad a la participación de los alumnos y reserve un conjunto de espacios en el edificio escolar para su uso. Una escuela que desarrolle un programa de educación ambiental en el que participa el conjunto del alumnado, y necesita transformar y adaptar, durante un período prolongado de tiempo un conjunto de espacios para desarrollar dicho proyecto (laboratorio, vestíbulo, patios, etc.).
- La introducción de nuevas áreas de trabajo también puede ser motivo de cambio. Por ejemplo, la adecuación de una sala para ordenadores, el cableado para estructurar una red de comunicación en todo el centro, el mon-

taje de un laboratorio de idiomas, de una sala de trabajo para plástica, o de un auditorio para música y danza.

Valores y organización del espacio

La educación es una cuestión de valores. El proyecto educativo de un centro viene determinado por los valores generales que recoge como identificativos de la comunidad educativa de referencia. Enseñar, de una manera explícita o implícita, conlleva una formación ética o moral.

Por lo tanto, el problema es llegar a saber si la estructura del espacio puede favorecer o no unos determinados valores determinados y consensuados por todos los sectores de la comunidad educativa, tanto los explicitados en el proyecto educativo y demás documentos generales del centro, como los valores implícitos presentes en el acto de educar.

Nuestro objetivo debe ser buscar en el espacio aquellos elementos que puedan convertirse en motivadores y reforzadores del proceso de enseñanza y aprendizaje y del conjunto de valores aceptados comunitariamente.

Si tuviéramos que plantear algunos de los valores que pueden trabajarse en relación con el espacio de un centro educativo señalaríamos los siguientes:

- La educación para la convivencia.
- La abertura de la escuela al entorno.
- El favorecimiento de la comunicación entre todos los elementos que conviven en el centro.
- La cooperación y no la competitividad.
- La no discriminación por razones de sexo o capacidades.
- La supresión de las barreras arquitectónicas.
- La combinación del trabajo individual y del trabajo en grupo.
- Los aprendizajes, de expresión lingüística, plástica, musical, dramática, etc.

Una escuela democrática debe democratizar, valga la redundancia, profundamente su espacio. Esto significa abrirlo a la expresión de sus protagonistas. paneles, murales, todo tipo de medios pueden ser válidos para conseguir estos objetivos. Y no sólo hacerlo en las paredes del aula, sino en toda la escuela, especialmente en los lugares principales y de recepción. La idea de democratizar el uso del espacio, supone ponerlo a la altura de las alumnas y los alumnos, teniendo en cuenta su edad, y limitar los lugares reservados a los demás sectores.

Niveles de cambio que se pueden realizar en el espacio escolar

Unzurrunzaga propone un conjunto de medidas en la adaptación de los edificios escolares (véase cuadro 11) y establece cinco grados progresivos de adaptabilidad.

Estos grados de adaptabilidad se completan con otras modificaciones posibles en la siguiente clasificación:

- Modificación de los elementos estructurales.
- Modificación de elementos que pertenecen al equipamiento no estructural.
- Modificaciones combinadas de espacio y tiempo.
- Modificaciones en el material didáctico y en los equipamientos.

Cuadro 11. Adaptación de edificios (Unzurrunzaga, 1974)

GRADO DE ADAPTABILIDAD	DETALLES
PRIMERO Reorganización del equipamiento y cambio de uso. (Sin modificación del edificio)	. Reorganización del mobiliario . Utilización de nuevo mobiliario . Uso de nuevas ayudas y equipos didácticos . Cambio en el uso del espacio
SEGUNDO Remodelación administrativa: Aumento de matrícula por cambios en el índice de utilización. (Sin modificación del edificio)	. Aumento del índice de utilización . Aumento de turnos y uso compartido por la comunidad . Utilización durante todo el año (Puede incluir grado 1º)
TERCERO Modificación de elementos o subelementos no estructurales (Modificación menor)	. Eliminación de divisiones . Modificaciones de ventanas . Alfombrado . Cielo raso e iluminación . Instalaciones . Cambio de uso . Adición de nuevos espacios (Puede incluir el grado 2º)
CUARTO Modificación de elementos estructurales (Modificación mayor)	. Supresión de muros de carga . Supresión de columnas (puede incluir grado 3º)
QUINTO Adaptación de edificios no escolares (tiendas, supermercados, almacenes, gimnasios, bibliotecas, teatros, fábricas)	. Combinación grados 3º y 4º

- Modificaciones en la imagen externa del centro.
- Modificaciones en el aula.

Modificación de los elementos estructurales

El objetivo, en general, es conseguir nuevos espacios en el centro, a partir del aprovechamiento de pasillos, espacios no utilizados, rincones, etc.

Estas modificaciones casi nunca están al alcance de la mayoría de centros educativos. En el caso de los centros públicos, dichas modificaciones dependen de instancias externas al propio centro, ya sea la administración local o la autonómica.

Si estas modificaciones no son absolutamente imprescindibles, la administración, en una época de restricciones presupuestarias, no invertirá en ellas. Sólo lo hará en centros que deban acoger a un número mayor de alumnos (incorporación de las aulas para niños y niñas de 3 años en los centros públicos, adecuación de los institutos a los alumnos y alumnas de los primeros cursos de educación secundaria obligatoria...), o por inversiones o adecuaciones específicas (aula de tecnología, por ejemplo).

Modificación de elementos que pertenecen al equipamiento no estructural

Estas modificaciones están en muchos casos, al alcance de los centros educativos, aunque algunas por su coste, también son difíciles de realizar. Nos referimos, por ejemplo a los cambios de iluminación, acondicionamiento de una aula de informática, cableado del edificio, preparación de aulas para nuevos usos, etc.

Tanto las modificaciones del anterior apartado como las de éste, inciden en la reorganización del espacio con el fin de acoger grupos de alumnas y alumnos de dimensiones diferentes, crear espacios para el trabajo personal del alumnado, facilitar espacios para organismos de participación de los sectores: asociación de padres y madres, asociación de alumnos y alumnas y posibilitar el trabajo en grupo e individual del profesorado.

Modificaciones combinadas de espacio y tiempo

Estas modificaciones están orientadas a conseguir un aumento de los índices de aprovechamiento del centro educativo, desarrollando dobles turnos, utilizando el centro en períodos vacacionales, etc.

En nuestro país sólo se han aplicado en contadas ocasiones y siempre han tenido un fuerte rechazo social. Sin embargo en otros países (Grecia, Italia, etc.) han sido muy frecuentes.

Modificaciones en el material didáctico y en los equipamientos

Estos son los cambios más habituales siempre que no supongan grandes inversiones en adquisición de nuevo material.

Incluyen los cambios en el uso del espacio, en los equipamientos y en el material de clase, las decisiones sobre la distribución de las aulas y de los espacios comunes, el equipamiento de aulas específicas, la adquisición de material, de nuevos equipos didácticos y de cualquier elemento que pueda contribuir a dar una mejor respuesta a las necesidades del propio proyecto educativo.

Estas modificaciones no implican necesariamente nuevas inversiones sino que pueden realizarse partiendo de remodelaciones al alcance de cualquier centro, intentando mejorar la disposición de los elementos y adecuando mejor el espacio a las funciones docentes, flexibilizando el uso de los espacios, etc.

Modificaciones en la imagen externa del centro

En este apartado incluiríamos todas las mejoras en cuanto a imagen que puedan realizarse, siempre con la colaboración del conjunto de sectores de la comunidad educativa de cada centro.

La decoración y ambientación de los vestíbulos, pasillos, lugares de trabajo, recepción, espacios para entrevistas con los padres y madres, etc., constituyen elementos que contribuyen a dar una imagen positiva y agradable, tanto a las personas que nos visitan, como a los que cada día trabajan en él. Por lo tanto, también son aspectos que deberían tenerse en cuenta, principalmente por el bajo coste que suponen y por las consecuencias que pueden tener.

Modificaciones en el aula

Las modificaciones que se pueden realizar en el aula, están al alcance de cualquier centro. Se refieren a cambios en el mobiliario, la distribución de las mesas de trabajo, de los elementos fijos y movibles, de los armarios, del material didáctico, etc. Aunque parecen cambios formales, a menudo estos cambios pueden suponer una evolución positiva de la dinámica de la clase, rompiendo con una dinámica anterior negativa o potenciando situaciones educativas más participativas con el alumnado.

En el apartado específico sobre el aula nos extenderemos en los cambios posibles.

Mantenimiento del centro educativo

El mantenimiento del centro educativo constituye un aspecto importante del espacio escolar que contribuye a que la imagen externa del centro, así como las funciones para las que han sido pensados los diferentes espacios se conserven convenientemente.

El deterioro o la dejadez en el mantenimiento de la escuela nos puede llevar a centros en los que se respire desorden y desorganización. Estas situaciones no favorecen en absoluto una buena utilización del espacio escolar.

El mantenimiento y la conservación del edificio escolar es una actividad en la que pueden -y deben- participar los alumnos y alumnas del centro. Se puede actuar en la conservación, en el mantenimiento, seguridad y de ello se debe responsabilizar al conjunto de la comunidad educativa.

Prevención y seguridad en el uso, evitar el deterioro, impulsar el buen uso, controlar los equipamientos y el material didáctico (llevar un buen registro), velar por la responsabilidad en la utilización del mobiliario, son aspectos importantes de los que hay que hacer un buen seguimiento.

El aula clase

El aula en el centro educativo

Como ya hemos apuntado, el aula escolar ha sufrido cierta evolución a través del tiempo. Si bien ha sido el lugar fundamental de trabajo de todos los centros educativos, el equipamiento, las dimensiones, las diferentes estructuras y, por lo tanto, su peso específico en el conjunto de la escuela ha ido variando en consonancia con las diversas orientaciones educativas.[16]

16. TRILLA, J.: *Obra citada*. La edición contiene abundantes ilustraciones de aulas y escuelas en diferentes momentos de su historia en el capítulo «Ilustraciones y notas sobre la génesis del espacio escolar».

En una escuela con una multiplicidad de espacios que pueden ser educativos, el aula propiamente dicha ha perdido la exclusividad que tenía en otros momentos. Con la escuela graduada y la aparición de los lugares comunes y polivalentes, se han configurado unos centros educativos pensados para crear situaciones de aprendizaje en los alumnos y alumnas y, por lo tanto, con espacios adecuados a las necesidades del conjunto de dichas situaciones y procesos. La concepción abierta del espacio escolar, ha transformado la imagen rígida del aula y ha propuesto pensarla desde un punto de vista más amplio. El aula, en su sentido más amplio, puede ser

> *Cualquier lugar intra-extra muros del centro en el que la concurrencia de profesores, profesoras, alumnas y alumnos lleve al encuentro de un dato, de una experiencia, de una observación o de una práctica.* (Blázquez, 1993)

Sin embargo, el aula sigue siendo un espacio, delimitado físicamente, con unas funciones específicas educativas y formativas. El aula es

> *donde el alumno puede aprender a ser y a vivir.* (Blázquez, 1993)

El aula es un lugar de convivencia e intercambio educativo, alrededor del cual gira un porcentaje muy importante de la actividad de los estudiantes. Aunque aceptemos la diversidad de espacios educativos,

> *En ningún espacio como en el aula, se pide a un colectivo tan numeroso de individuos agrupados, tan próximos unos de otros durante tantas horas al día, que actúen y trabajen con eficiencia plena en tareas de aprendizaje difícil y, además, que actúen armoniosamente.* (Blázquez, 1993)

De esta afirmación se desprende la importancia que tiene, todavía, este espacio del centro, en la actualidad.

El proceso educativo en el aula

En el aula, se dan respuestas a un conjunto de demandas cuyas características comunes deben ser su contribución al proceso educativo de todos los alumnos y alumnas del centro. La configuración espacial del aula debe intentar dar respuesta a estas necesidades, especificadas por Cano y Lledó (1990).

El aula, en primer lugar, debe ser el «lugar de encuentro con los otros». Para conseguirlo, el clima que se respira en el aula, el ambiente, los equipamientos deben facilitar el conocimiento de todas las personas del grupo y el acercamiento de unos hacia otros. La coexistencia en una misma aula de un grupo determinado homogéneo, ha de hacer factible la construcción de una clase como grupo humano cohesionado con objetivos, metas e ilusiones comunes.

El aula, debe sugerir una multiplicidad de acciones educativas y formativas en un sentido amplio. Lo que se respira en el aula, los materiales que están al alcance de los alumnos y alumnas y la dinámica que se cree en relación alumnado-profesorado, ha de facilitar a todos los alumnos y alumnas un amplio abanico de aprendizajes cognitivos, afectivos y sociales.

El aula, debe estar abierta al mundo que la rodea. Esto conecta con la idea global de aula, que entiende que el conjunto de aprendizajes no tiene por qué desarrollarse con exclusividad entre las cuatro paredes del aula. Hay que buscar escenarios distintos, ya sean construidos o naturales, en la propia escuela o apropiándose de espacios cercanos, siempre de acuerdo con las tareas emprendidas y con los objetivos que se persiguen.

El aula debe ser «un espacio acogedor». Un entorno escolar en el que el funcionamiento del alumnado sea siempre el mismo no favorecerá la acogida de todos los estudiantes. Los alumnos y las alumnas tienen a menudo distintos estados de ánimo, manifiestan intereses diferenciados y explicitan distintas expectativas, a lo largo del día y a lo largo del curso. Por ello, el espacio aula debe poder dar respuesta y acoger esta diversidad de requerimientos por parte de los sujetos principales. Creer que las alumnas y los alumnos siempre estarán dispuestos de igual manera a responder a los requerimientos del profesorado, es no entender en absoluto la función de educar (Cela y Palou, 1997).

El aula ha de ser un lugar distinto y peculiar. Un espacio que pueda ser construido activamente por todos los miembros del grupo que acoge, en el que se puedan reflejar sus peculiaridades y su propia identidad.

El aula es un lugar en el que se pueden tomar decisiones, sin esperar a la aprobación de grandes presupuestos y, a menudo, actuando de forma individual y autónoma. Si remarcamos la facilidad con que se pueden tomar decisiones que favorezcan un clima de trabajo diferente en la clase, es porque creemos que esta parcela de autonomía, administrada convenientemente, después de una reflexión colectiva, puede provocar pequeños cambios pero muy importantes en el funcionamiento cotidiano del grupo clase.

Este planteamiento flexible, nos lleva a una concepción del trabajo en el aula que ha de romper el esquema clásico de explicación, preguntas y trabajo individual. Al contrario, plantearse qué hacer con el espacio y el mobiliario se desprende de una concepción constructivista de la educación en la cual prima la actividad del alumnado, los conocimientos previos, la posibilidad de experimentación, de planteamiento de situaciones problemáticas, las actividades colectivas y cooperativas, la participación de los alumnos y alumnas en el desarrollo de la clase., etc. Puede haber actividades en las que sea imprescindible un número reducido de estudiante (una práctica de laboratorio) mientras que en otras el número aumente considerablemente, esto supone una concepción flexible del trabajo en el aula y debe corresponderse con actuaciones concretas respecto a su distribución y equipamiento. Por el contrario, la homogeneidad en el tratamiento de los alumnos y alumnas -las mismas explicaciones, idénticas actividades y ejercicios- nos lleva a la necesidad de un espacio escolar homogéneo y viceversa.

Las modificaciones de los espacios del aula pueden cambiar positivamente los rendimientos y el comportamiento de los alumnos. Si se consiguen estos cambios con su participación, las modificaciones serán más positivas. podemos observar esta participación en los debates de clase y en las asambleas, pero también en el momento del trabajo en clase, con la aportación de nuevas propuestas, con el incremento de tiempo dedicado al trabajo o, con detalles tan sencillos, como el número de preguntas o requerimientos que hacen al profesorado, la actitud que tienen al inicio y al final de la clase, etc.

Cela y Palou (1997) nos proponen las siguientes medidas para conseguir que el aula sea un lugar abierto:

- Intentar que el aula sea un espacio de participación. De esta manera facilitaremos que los alumnos y alumnas lo sientan como propio.
- Procurar que los alumnos y las alumnas tengan voz en la distribución de muebles y del material.
- Crear subdivisiones para usos diversos.
- Tener presente la existencia de alumnos y alumnas con discapacidades.
- Tener en cuenta la existencia de zonas para el trabajo individual y para el trabajo colectivo.
- Fomentar la estética para que sea un lugar acogedor y responsabilizar a los usuarios para que esta estética varíe.
- Superar en la medida de lo posible la escasez de espacio, con la utilización frecuente de otras zonas de la escuela.

La disposición de los alumnos en la clase

Dónde nos sentamos?

Si dejáramos a los alumnos escoger, seguramente podríamos observar como los alumnos más motivados los que mantienen una actitud más positiva respecto al aprendizaje, se sentarían más próximos al docente, en las primeras filas, mientras que el resto tendería a situarse fuera del radio de acción directa. Los que tenderían a sentarse con sus amigos serían los que revelan una mayor sociabilidad. Los menos interesados por la clase, se situarían en las filas posteriores.

Pero esto no sucede en la mayoría de casos. El profesorado, por lo general es el que dispone la distribución de las alumnas y los alumnos y el que decide cuál es, según su parecer, la mejor distribución, qué alumnos necesitan estar más cerca, qué grupos pueden formarse, en el caso de que los pupitres estén formando grupos de dos, tres o cuatro.

Estudios citados por Blázquez (1993) indican la interrelación existente entre el lugar que ocupan los alumnos en la clase y su rendimiento escolar. Interrelación en el doble sentido, ya que por una parte, los alumnos y alumnas con menos interés tienden a situarse lejos del profesor, y los que están lejos, demuestran tener menos interés. Se observa una mayor participación entre los alumnos y alumnas del centro y de primeras filas.

¿Cómo nos sentamos?

La distribución de los alumnos y alumnas en la clase y su relación con el profesor o profesora representa, casi siempre, una relación jerárquica. La mesa del docente es más grande, hay un espacio mayor a su alrededor, con la pizarra cerca de su radio de acción, etc. las mesas de los alumnos están por lo general dispuestas enfrentadas a la del profesor, su capacidad de movilidad está más limitada, etc.

Sin ser determinante para el desarrollo de una buena clase, la disposición de los estudiantes favorece, en general, determinadas actitudes de trabajo y rendimiento escolar. En el cuadro 4, en el que representábamos las diversas posibilidades de reor-

Cuadro 12. Organizaciones espaciales en el aula (Cano y Lledo, 1990)

A) EJEMPLO DE TIPO DE ORGANIZACIÓN ESPACIAL «TRADICIONAL»:

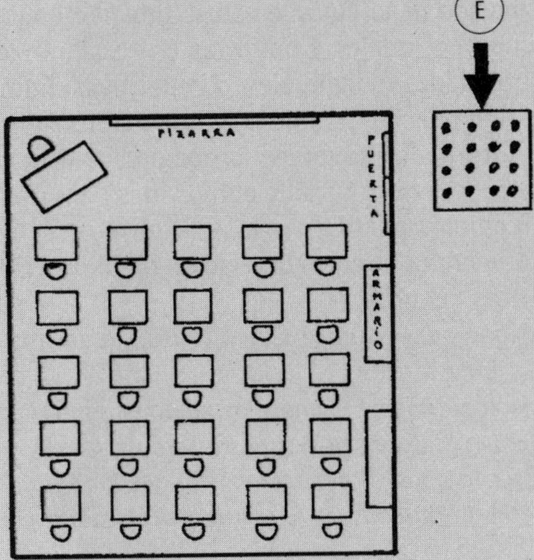

- Estructura de comunicación en clase:
  - Unidireccional.
  - Grupal.
  - Informativa/académica/formal.

- Características de las actividades:
  - Individuales.
  - Competitivas.
  - La misma actividad para todos y al mismo tiempo.
  - «Académicas». Programa Oficial.

B) EJEMPLO DE TIPO DE ORGANIZACIÓN ESPACIAL «ACTIVA»:

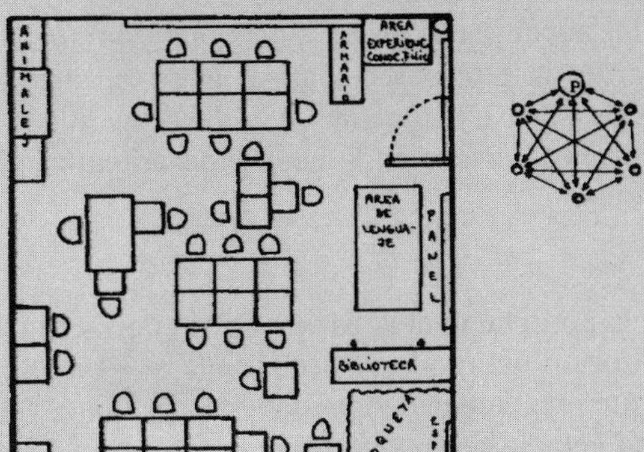

- Estructura de comunicación en clase:
  - Bidireccional.
  - Todos son Emisores y Receptores
  - Grupal e Individual.
  - Integradora de contenidos «formales» e «informales»: metodológica, afectiva...

- Características de las actividades:
  - Opcionalidad del alumno.
  - Grupales e individuales.
  - Cooperativas.
  - Posibilidad de actividades distintas y simultáneas.

ganizar el espacio del aula, podemos observar directamente las consecuencias y utilidades que pueden tener.

Si nos referimos al grupo clase normal, esta disposición tiene muchos modelos que resumiremos en tres. La clásica disposición en filas, con pupitres aislados entre sí, corriente en muchas aulas. La disposición en grupos, de tres, cuatro o cinco alumnos, normalmente. Y, por último, la formación de círculos, o estructuras rectangulares.

En general, las estructuras unidireccionales y opuestas entre alumnado y docente, tienden a favorecer unas actividades individuales, competitivas, homogéneas (las mismas actividades al mismo tiempo). En cambio una estructura bidireccional que integre elementos formales e informales, favorece la opcionalidad del alumno, trabajos cooperativos, trabajos en grupo y hace posible actividades distintas pero simultáneas. En los grupos los intercambios pueden ser más fructíferos entre las diversas unidades creadas, mientras que en los círculos la relación de bidireccionalidad, se establece entre todos los elementos del grupo.

Resumiendo diferentes investigaciones, Gómez Dacal (1992) llega a la conclusión que

> *Si se desea facilitar la interrelación entre los alumnos, los pupitres han de situarse en círculo. En el caso de que se quieran promover las respuestas orales, se adoptará la organización en "círculo" o en* cluster *(grupos). Si se quiere evitar que los alumnos se distraigan o que muestren conductas perturbadoras, en ningún caso se les colocará en filas.*

La disposición de los alumnos y alumnas no ha de ser siempre la misma y debe depender de la relación que queramos establecer o dar prioridad en un momento dado. Lo ideal sería poder combinar no sólo la disposición de los estudiantes sino su número o el número de profesores y profesoras que dirigen una actividad concreta.

Por ejemplo, en las actividades de observación después de una experiencia de laboratorio la disposición habitual puede ser el grupo. Si además contamos con dos docentes en el aula, el seguimiento de esta observación puede realizarse con más tranquilidad. Una conferencia, un debate o el pase de un audiovisual puede agrupar a alumnos y alumnas de varios niveles (incluso en la educación primaria), distribuidos según las necesidades concretas.

¿Somos autónomos?

La utilización del espacio y la posibilidad de crear espacios nuevos complementarios a los de la clase está en función del grado de autonomía que tenga el grupo de alumnos y alumnas sobre los que se quiere experimentar estos cambios. Este grado de autonomía depende de la edad -puede ser mucho más grande en ciclo superior o en los primeros cursos de secundaria obligatoria- pero también depende del propio grupo.

La adquisición de la autonomía en el trabajo no es una variable de desarrollo natural sino que puede ser estimulada potenciada o, por otra parte, anulada. En función de cada grupo de alumnos podremos plantearnos la posibilidad de crear espacios más versátiles, más autónomos.

La propuesta de rincones en el ciclo inicial o en el parvulario, requiere la presencia adulta en la mayoría de ocasiones. En ciclo medio o superior podemos establecer espacios educativos en los que los alumnos puedan funcionar autónomamente con la condición de potenciar su participación en el control, diseño y evaluación de las actividades.

Es frecuente en la actualidad, encontrarse con experiencias de talleres simultáneos -en el área de lenguaje o experiencias- con alumnos y alumnas de ciclo medio o superior.

En función de la autonomía del alumnado podremos definir espacios utilizados de formas diferentes.

La planificación de los recursos en las aulas

Parece ser que la planificación de los recursos en el aula tiene consecuencias importantes en el desarrollo de las actividades de aprendizaje. Esta planificación supone que, en el aula hemos de distribuir los diferentes recursos que se van o se pueden utilizar en función de las necesidades que van a tener los diferentes alumnos, previendo incluso situaciones en las que determinadas circunstancias nos llevarán seguramente a la necesidad de improvisar.

Refiriéndose a las escuelas infantiles y aulas de primeros cursos de educación primaria, Gómez Dacal (1992), define las clases con espacios planificados como aquellas

> *en las que los materiales para los distintos objetivos que ha de alcanzar el alumno (lenguaje, desarrollo del concepto de número; control de los pequeños movimientos, de la vista y del oído; creatividad, y control de los grandes movimientos) se disponen en partes específicas del aula. Por el contrario, en las clases no planificadas se colocan los materiales (los mismos que en las planificadas) no en función de los objetivos de aprendizaje, sino de acuerdo con otros criterios: evitar ruidos, disponibilidad de agua (se sitúan, así, juntos el armario, los juegos de agua y la zona de pintura), limpieza (la arena se saca fuera de la clase), etc.*

Citando un estudio de Nash,[17] Gómez Dacal (1992) apunta que el alumnado que recibe enseñanza en espacios planificados respecto a los que asisten a clases convencionales, desarrollan unos resultados mejores en creatividad, ciencias y actividades numéricas y utilización del lenguaje, mientras que, por regla general, disminuyen en intensidad y frecuencia los incidentes y conflictos.

Pero la planificación del espacio no debe ser un asunto exclusivo de la educación infantil. La educación primaria y la secundaria también pueden tener unos espacios en los que planifiquemos la actividad que se va a desarrollar.

En general, observamos como la ordenación del espacio del aula, va individualizándose a lo largo de la educación primaria hacia la secundaria. Esto tiene que ver también con el predominio del lenguaje escrito sobre el lenguaje oral. Si en el parvulario la actividad de expresión oral tiene carácter propio y se le da la importancia que realmente tiene, parece como si, a medida que se avanza en la edad, todas las

17. NASH, B.C. (1991): « The effects of classroom spatial organization on four and five-year-old children's learning» *British Journal of Education Psycology*, 51, P. 144-155

actividades deban tener su traducción escrita. Es más, las actividades de expresión oral tienden a desaparecer, a excepción de hechos puntuales como las asambleas -a las que a veces no se les da valor educativo o instructivo- o las respuestas a los requerimientos del profesorado en el curso de una explicación.

Este fenómeno es el que incide directamente en el anquilosamiento del espacio-aula a partir del ciclo medio o superior de primaria. ¿Por qué estos cursos no pueden tener espacios diferenciados, con materiales de consulta o de trabajo? ¿Por qué no se pueden organizar actividades simultáneas o paralelas de diversa índole? Si la actividad normal tiene un carácter predominantemente escrito, es individual y homogénea para el conjunto de la clase, seguramente concebiremos el espacio escolar del aula, distribuido de forma uniforme.

Estos aspectos merecen una revisión profunda en muchos centros educativos.

Tipologías de problemas en la organización de actividades en el aula

En los anexos hemos elaborado un guión que puede facilitar la realización de un informe sobre el tratamiento y el estado del espacio en el centro educativo. A menudo, en el aula, podemos observar un conjunto de disfunciones que pueden darnos una señal de alarma de que algo no acaba de funcionar bien y reclama algún tipo de cambio. Loughin y Suina (1987) proponen al final de su interesante ensayo sobre el ambiente de aprendizaje, una relación de tipologías de problemas que pueden darse en la clase y que pueden tener respuesta, en muchos casos, a partir de la reorganización de los elementos espaciales, los materiales, los equipamientos, el mobiliario. Veámoslos en el siguiente cuadro.

Cuadro 13. Tipologías de problemas en el aula

- Las alumnos y alumnas se quejan a menudo de las conductas de otros estudiantes.
- Los alumnos y alumnas precisan de ayuda para encontrar cosas que hacer y para localizar materiales.
- Los alumnos y alumnas no se interesan por ninguna actividad sin la dirección del docente o no permanecen en la tarea sin intervención de éste.
- Después de los primeros días no se emplean la mayoría de los centros de interés del aula.
- El material escolar desaparece de la estantería.
- Durante las sesiones de trabajo hay mucho ruido y abundan los movimientos fortuitos.
- Los mismos niños y niñas precisan cada día una nueva orientación y jamás acaban nada.
- La mayoría de alumnos y alumnas revelan un período de atención muy corto.
- Piezas de juegos y rompecabezas perdidas, rotas o mal colocadas.
- Una unidad bien dispuesta apenas es empleada.
- En ciertas áreas se produce una conmoción al final de un período de actividad.
- Los alumnos y alumnas emplean el material de un modo erróneo.
- Rara vez son utilizados los materiales en un área popular.
- Muchos alumnos y alumnas eligen una y otra vez los mismos materiales.
- Nada está nunca donde alguien pueda encontrarlo.

Los espacios comunes polivalentes

La evolución descrita en el apartado anterior, nos lleva a plantearnos la problemática de la especialización de las aulas.

La necesidad de contar con un material especializado y la posibilidad que éste pueda ser utilizado por diferentes niveles, ha llevado a la creación de aulas especializadas, de uso común, en los centros educativos.

La biblioteca, la sala de audiovisuales, el laboratorio de idiomas, la sala de ordenadores, la sala de pretecnología o de plástica, el gimnasio, la sala de psicomotricidad, la sala de música, el auditorio, el teatro, el aula de tecnología, etc. constituyen algunas de las posibilidades de espacios que podemos tener en el centro educativo.

El primer problema que se plantea es que todos los centros no pueden tener todas las aulas especializadas que necesitan. Es más, en los centros en los que hay problemas de espacio debido al aumento de matrícula o a tener que acoger nuevos cursos (primer ciclo de la ESO...) los primeros espacios que se sacrifican son los comunes. Cuando el aula necesita una gran especialización nos encontramos con que es muy difícil mantener un buen nivel de equipamiento y actualizarlo periódicamente. Por otro lado, algunas dotaciones llegan fundamentalmente a los institutos y las escuelas de primaria e infantiles están a la cola de la planificación (esto es muy común cuando se trata de tecnología).

El segundo problema que se plantea es si el material especializado debe estar en el aula especializada o puede estar en la clase. ¿Laboratorio como aula o laboratorio en el aula? ¿aula de informática u ordenadores en el aula? ¿biblioteca de centro o biblioteca de aula? Sin ninguna duda, si dispusiéramos de los recursos suficientes, podríamos prever las dos alternativas. No es éste el caso de la mayoría de centros a los que sólo les queda diseñar soluciones mixtas para dar salida a estas alternativas. No hay una única alternativa para estas dicotomías. Sin embargo nos parece interesante apuntar algunas ideas.

La biblioteca del aula, debería poder especializarse y ser más flexible que la biblioteca general. La biblioteca de aula debería constituirse en un archivo de materiales utilizables de forma movible en las diferentes aulas, que pudiera alimentarse de las aportaciones de los propios alumnos y alumnas o del docente, ampliable a nivel puntual en determinados temas... La biblioteca general, debería tender a convertirse en un centro de información, clasificación y documentación general de la escuela. Sobre este aspecto hablamos en el apartado siguiente.

El ordenador en el aula es la manera más sencilla para practicar y entender su carácter instrumental. Como se trata de una tecnología cara, no podemos pretender que en el centro haya suficientes ordenadores en el aula de informática y en las diferentes clases. Pero esta debería ser la perspectiva. En el parvulario, por ejemplo, en el que hemos defendido una ordenación del espacio con todos los elementos integrados en él, el ordenador debería ser uno más de estos elementos dentro de un espacio planificado.

Las dotaciones de las aulas especializadas deberían tener la flexibilidad suficiente para ser trasladables. Ya hemos hablado de ello en el apartado de equipamientos y mobiliario. Seguramente, la estructuración de estas aulas de forma que permitieran la flexibilidad y el traslado cómodo y fácil, podrían permitir utilizar los materiales o los equipamientos en función de las necesidades concretas de la clase.

Los centros de documentación

Disponer de recursos de todo tipo para el desarrollo de la actividad docente es una necesidad cada vez más importante, en todos los centros educativos

El carácter abierto del currículum, la presencia de propuestas que demandan una gran pluralidad de materiales curriculares, la necesidad de diversificar las actividades y de atender a los alumnos y alumnas con intereses diferentes, nos llevan a tener que disponer de recursos y materiales variados, adaptados, flexibles, utilizables interdisciplinariamente, etc.

Si bien hay unas situaciones muy variadas en los centros, nos atrevemos a afirmar que, por lo general, hay más recursos de los que se utilizan y la percepción por parte del profesorado es que hay un déficit bastante grande. Las dos afirmaciones aunque contradictorias, pueden representar una misma realidad. Los déficits existen, no lo vamos a negar, sobre todo en aspectos como la tecnología que, rápidamente queda obsoleta o insuficiente. Pero al lado de esta falta de materiales y recursos, nos encontramos con una gran dispersión en el propio centro: materiales en las aulas especializadas, en las clases, en los departamentos, etc. materiales adquiridos y materiales creados por los propios alumnos y alumnas o por el profesorado, etc. materiales inclasificables, materiales que no se usan, materiales que se pierden porque los utilizaba tal profesor o tal profesora que ya no está en el centro...

La falta de tiempo, de criterios y formación para la ordenación y clasificación de este material nos lleva a esta situación. Llegar a tener un espacio en el centro -seguramente ubicado en la mediateca-biblioteca- en el que cualquier profesor, profesora, alumna o alumno del centro, puede encontrar información de los materiales de que se dispone sobre determinado tema y de su ubicación, no tiene por qué ser un proyecto irrealizable.

La creación de estos espacios, a modo de pequeños centros de recursos, que recojan toda la información y la ubicación del conjunto de recursos dispersos por los diferentes ámbitos de trabajo de la escuela o el instituto, debería ser un objetivo a plantearse a corto y medio plazo.

Podemos empezar por proponer un sistema de archivo y clasificación y ponernos como objetivo catalogar el material nuevo que elaboremos o que compremos. Si la experiencia es positiva -esta experiencia requiere cierta continuidad y un tiempo de dedicación- podemos ir ampliando el catálogo con recursos adquiridos en otro tiempo.

Crear estos espacios en los centros educativos es positivo por varias razones:

- Racionaliza los recursos existentes (se evita, a veces, compras innecesarias o duplicadas).
- Proporciona recursos sistematizados a todo el profesorado.
- Favorece la comunicación entre los diferentes sectores del centro.
- Propicia el desarrollo de metodologías activas: los recursos están al alcance.
- Contribuye a trabajar en los alumnos los procedimientos basados en la búsqueda de información, la realización de pequeños trabajos de investigación, la autonomía del alumnado, etc.

Los espacios educativos externos

El entorno escolar como espacio educativo

No es objeto de esta publicación tratar a fondo los espacios educativos externos, pero, tal como hemos señalado en la introducción, estos espacios conforman una realidad plenamente interrelacionada con el propio espacio escolar. Aunque cierta profesionalización mal entendida ha querido encerrarse en las cuatro paredes del aula y del centro, como un reducto en el cual desarrollar con efectividad y tranquilidad la tarea educativa, cada vez está más claro el planteamiento de la educación, en general, y del proceso de enseñanza-aprendizaje en particular, que parte de un punto de vista abierto y de la necesidad de mantener una intensa interrelación con el entorno. Esta apertura de la escuela hacia el entorno tiene diversas dimensiones.

La primera es la que plantea la posibilidad de un trabajo continuado con el medio cercano al centro educativo. Esta línea de trabajo nos lleva a una triple posibilidad. Por una parte, ampliar el espacio escolar al entorno inmediato aprovechando el conjunto de recursos culturales, sociales, naturales que dicho entorno nos proporciona: aprender del entorno. En segundo lugar, la utilización de este entorno inmediato como laboratorio de trabajo educativo, de observación, de análisis, de experimentación y de investigación: aprender en el entorno. Por último, el trabajo de carácter medio ambiental supone acercarnos al medio inmediato desde una postura activa y con el objetivo de intentar aportar, desde la perspectiva escolar, elementos que sirvan para modificar este entorno, tanto desde la perspectiva educativa (en tanto que transmitimos un conjunto de valores), como desde la perspectiva de intervención inmediata (participando en campañas ambientales, programas de defensa del entorno, etc.).

Por otra parte, la apertura del espacio escolar al medio social y natural cercano a la escuela, se da en la medida que éste, forma parte de un espacio educativo que, de forma informal, ejerce también una influencia en nuestro alumnado. Un espacio educativo, en el que el rompecabezas del conjunto de sectores y agentes, actúan e interactúan desde una multiplicidad de situaciones. Esto nos lleva a la necesidad de que la escuela se ponga de acuerdo con estos agentes externos.

Ser consciente, como profesional de la enseñanza, de los condicionantes y las características de nuestro entorno, es, hoy por hoy, un ejercicio imprescindible. Concebir la educación como una profesión aséptica, técnica, atemporal, que da lo mismo ejercitarla en un lugar que en otro, supone una flaco favor a la propia profesión, y a la enseñanza como servicio público. Afortunadamente ésta no es la manera de pensar de la mayoría del profesorado que desarrolla sus tareas en un medio concreto, conscientes y sabedores de las características de su entorno y con un claro compromiso de relación e intercambio con éste.

Desde la simple programación de salidas, visitas, excursiones, realización de itinerarios, la utilización de este entorno como un recurso didáctico y un laboratorio en el cual se aprende, a veces, mucho mejor que en la propia aula, hasta la definición de proyectos conjuntos con otras entidades cercanas -educativas, culturales, etc.- o implicando a dichas entidades en la propia programación del centro, conocemos muchos ejemplos de esta progresiva implicación.

El espacio virtual

Es el otro extremo de la abertura de los centros educativos al exterior.

El desarrollo de las nuevas tecnologías ha conseguido que en menos de cinco años los sistemas de comunicación se hayan desarrollado de forma vertiginosa. Gracias al avance tecnológico las posibilidades de comunicarse y acceder a informaciones lejanas en el espacio, algo que años atrás estaba restringido a los especialistas en informática, es una realidad al alcance de cualquier profesional y de cualquier centro educativo.

La aparición del fenómeno Internet y el abaratamiento de costes que supone estar en la «red», rompe esquemas y hace posible a las puertas del siglo XXI que las escuelas se abran a un horizonte cada vez más amplio.

Ante estas nuevas posibilidades se crea un espacio en el que el centro educativo, es decir, cada uno de los miembros de la comunidad educativa de un centro, pueden establecer comunicación con cualquier parte del mundo. El entorno inmediato se transforma y deja de tener sentido, por ejemplo, la posibilidad de aprender sólo a partir del libro de texto. El alumnado accede a este nuevo espacio «real», como a un nuevo entorno en el que podrán desarrollar sus experiencias educativas y sus aprendizajes.

Este cambio en el concepto de entorno inmediato -ya propiciado por el auge de los medios de comunicación audiovisual- supone la posibilidad de desarrollar nuevas experiencias educativas en un nuevo marco:

- Correspondencia escolar entre alumnos de diferentes escuelas.
- Proyectos de trabajo cooperativos definidos por los mismos centros.
- Participación en foros internacionales y proyectos entre diferentes países.
- Búsqueda de información sobre aspectos relativos al trabajo escolar.
- Intercambio de experiencias educativas.
- Comunicación hacia el exterior de todo lo relativo al centro educativo: organización, demandas, ofertas, etc.

Está claro que todas estas actividades se podrían realizar en un contexto en el que no existieran nuevas tecnologías. Y que, por muy dotado que esté un centro, si su comunidad educativa no manifiesta y práctica una actitud de apertura y comunicación hacia el exterior, ésta no se va a producir por generación espontánea. Lo que plantean las nuevas tecnologías, por una parte, es la rapidez, la comodidad y el bajo coste que supone realizar estas actividades. Y por otra, la posibilidad de que las realicen el centro, los alumnos, o el profesorado que libremente quiera.

Nadie sabe en el futuro cómo van a evolucionar estos aspectos, pero todo apunta a pensar que no debemos desaprovechar las enormes posibilidades que estos nuevos medios tienen y que debemos hacerlo reflexionando en qué aspectos puede mejorar los procesos de enseñanza y aprendizaje de cada centro educativo. Por otra parte, esta apertura rompe una concepción aislada de cada centro educativo y contribuye a la consolidación de unos valores más universales.

3

El tiempo

El tiempo en la organización educativa

Tempus fugit

El funcionamiento de las organizaciones están condicionadas por el tiempo. La organización educativa se basa primordialmente en las interrelaciones entre las personas. El tiempo aparece como un recurso fundamental, constructor de estas interrelaciones, que debemos administrar.

El tiempo para la educación no termina nunca para los educandos. Es arbitrario y convencional la división entre tiempo para la educación y tiempo libre, las personas siempre están en proceso de aprendizaje y esta característica es particularmente comprobable en la infancia y la adolescencia.

La sociedad considera especialmente esta época de la vida como tiempo para el aprendizaje y para ello planifica la educación. Cuanto mayor sea el tiempo de escolarización, mayor será el nivel de educación. Se declara, por ejemplo, que la educación mejora porque se ha incrementando la educación obligatoria en dos años o por ejemplo el nivel de desarrollo de un país tiene como indicador la duración de la etapa de educación obligatoria.

Por tanto hay un reconocimiento general de la relación del tiempo de aprendizaje con su resultado del aprendizaje. Hay que hacer una crítica a la simplicidad de este principio de cantidad ya que también se debería hacer hincapié en la calidad de este tiempo. De todas maneras parece que si los educadores tenemos más tiempo aumentará la calidad de nuestra actividad educativa. De ahí la reivindicación de la comunidad educativa de que los alumnos tengan mayor tiempo para su educación. El tiempo, sin embargo, es un recurso escaso, oro según Benjamin Franklin.

Llegamos pues en este razonamiento a la conclusión de que una de las características principales es su limitación. Esta limitación, reconocida también subjetivamente, será la circunstancia condicionante básica al utilizar el tiempo como recurso. El tiempo del profesorado es un tiempo que tiene un coste, seguramente inferior al que debería tener si el profesorado estuviera mejor pagado, pero de todas maneras es un coste elevado.

Aquella limitación, unida al esfuerzo que supone el tiempo del profesorado para la sociedad, nos obliga a aprovecharlo adecuadamente. Algunas de sus funciones podrán ser sustituidas por otros medios, y deberán dar paso a nuevas funciones que la sociedad reclama.

El tratamiento del tiempo debe hacerse en función de cada una de las personas y de sus responsabilidades dentro del sistema educativo. No es lo mismo el tiempo del profesorado, el tiempo de los alumnos y alumnas o el tiempo destinado a la gestión de la institución educativa. Estos tiempos deben estar relacionados pero para su distribución tienen sus propias lógicas.

Por tanto en la enseñanza el tiempo ha de considerarse desde una vertiente globalizadora tanto desde el punto de vista de las personas como de la organización. El tratamiento que se le ha dado habitualmente se refiere a un marco inverso a la lógica. Primero se define el tiempo y después se secuencian los contenidos. Criticaremos esta manera de tratar el tiempo, que ha resultado y resultará de gran utilidad todavía pero que no responde a las necesidades educativas actuales.

El tiempo pues debe tratarse como recurso institucional y se ha de distribuir en función de los objetivos previos seleccionados cuidadosamente. Veremos como en realidad parece que primero se establecen los horarios y posteriormente se deciden los objetivos en función de estos horarios.

Principios en la concepción del tiempo educativo

Cuando utilizamos el tiempo como recurso funcional debemos tener en cuenta algunos principios generales (Viñas, 1994):

- *Principio de globalización.* Será necesario en todo momento hacer una distribución del tiempo teniendo en cuenta todos los elementos que intervienen en el proceso educativo. Desde unidades de tiempo que tienen objetivos distintos (véase el segundo apartado) hasta condicionantes diversos. Tampoco no debe supeditarse el horario a alguno de sus estamentos: profesorado, alumnado etc. Debe por tanto organizarse en función del conjunto.
- *Principio de prioridad y racionalización.* Establecer prioridades es la consecuencia lógica de un recurso con limitaciones. Si no disponemos de tiempo para todo, debemos utilizarlo para aquello que sea más importante. Hay que establecer prioridades. También se deberá tener en cuenta una racionalización en su utilización para que un uso indebido no tenga consecuencias negativas en el conjunto. Nos referimos desde la organización del profesorado hasta la organización del currículum.
- *Principio de distribución de tareas.* Como consecuencia de la racionalización y de la misma forma que se ha desarrollado en otras organizaciones hay una necesidad de especialización y de distribución de tareas. Parece útil adjudicar tareas a personas o grupos de personas para hacerlo más eficaz. La primera ventaja que debe aportar la distribución es evitar que los trabajos sean realizados por varias personas. Aplicaremos el principio que *entre todos* lo hacemos todo y no todos lo hacemos todo.

- *Principio de coherencia.* Dado que la distribución de tareas coincide con la especialización curricular tiene como consecuencia el problema de dividir y diversificar el currículum y multiplicar la actuación de los profesores y profesoras sobre el alumnado. En estas condiciones parece imprescindible que se establezcan elementos de coherencia para que el resultado no cree confusión en los alumnos y alumnas.
- *Principio de diversidad.* La globalización debe combinarse con una diversidad en el tratamiento de los tiempos. Se establecerá una lógica interna en cada uno de los miembros de la comunidad educativa (alumnos, alumnas, padres, madres profesores y profesoras). El principio de globalización establece unos límites a la lógica propia de utilización del tiempo en cada uno de los estamentos. El principio de diversidad debe favorecer que se puedan hacer tratamientos didácticos y por tanto también temporales distintos según los grupos de alumnos y alumnas. El currículum abierto que establece el nuevo sistema educativo debería dar como resultados tratamientos singularizados con los límites de los recursos humanos, es decir de tiempo.

Unidades de tiempo relacionadas con la enseñanza

Veamos primeramente cuáles son las características de las unidades usadas tradicionalmente en los centros educativos, sus ventajas y limitaciones. En principio veremos que el período de tiempo, según la unidad de tiempo, se puede relacionar con distintos niveles de concreción de objetivos.

Las dividiremos en cuatro tipos según los objetivos a los cuáles se les puede atribuir:

Cuadro 14. Unidades de tiempo

RELACIONADAS CON LAS FINALIDADES DE LA EDUCACIÓN
. Enseñanza obligatoria . Etapas educativas
RELACIONADAS CON OBJETIVOS A MEDIO PLAZO
. Ciclos . Cursos escolares
RELACIONADAS CON LA ORGANIZACIÓN INMEDIATA A CORTO PLAZO
. Trimestres (créditos) . Evaluaciones, unidades didácticas . Meses
UNIDADES EDUCATIVAS RELACIONADAS CON LA PROGRAMACIÓN PARA APLICACIÓN INMEDIATA
. Jornadas . Sesión

- Las finalidades de la educación.
- Objetivos a medio plazo.
- La organización inmediata a corto plazo.
- La programación para aplicación inmediata.

Esta división en unidades nos da a entender que no todas son utilizadas de la misma forma por los distintos agentes que intervienen en el proceso de enseñanza-aprendizaje. No es lo mismo el tiempo del profesor o la profesora, que el de los equipos de profesores o el de los alumnos y alumnas. Una de las causas principales de la utilización eficaz del tiempo en los centros escolares es no haber hecho esta división de acuerdo con las distintas funciones.

Partamos de un ejemplo. En un centro dos profesores de un nivel hacen sus programaciones y otro día de la semana se reúnen para hacer el PCC sin relación entre

Cuadro 15. Utilidades de las unidades de tiempos por diferentes niveles de organización

	SISTEMA EDUCATIVO/ ADMINISTRACIÓN	INSTITUCIONAL/ÓRGANOS COLEGIADOS	EQUIPO DE GESTIÓN	EQUIPOS DOCENTES/ DEPARTAMENTOS	PROFESORADO	ALUMNADO
EDAD OBLIGATORIA	X	X				
ETAPA	X	X	X	X		
CICLO	X	X	X	X		X
CURSO	X	X	X	X		X
TRIMESTRE CRÉDITOS	X	X	X	X	X	X
UNIDADES DIDÁCTICAS				X	X	
SEMANA		X	X	X	X	X
JORNADA		X	X	X	X	X
SESIÓN					X	X

los dos procesos. Este hecho motiva que muchas de las actividades de planificación, relacionadas con la determinación de los objetivos del centro (PEC, PCC) se hayan considerado por parte del profesorado como cargas administrativas y no como instrumentos de apoyo a su labor. Creemos que la línea de trabajo ha de basarse en mayor grado en una determinación de las tareas relacionadas con la distribución del tiempo. Esta distribución es jerárquica en tanto en cuanto el trabajo de cada nivel está supeditado a las decisiones establecidas a niveles anteriores, excepto, como es lógico, por lo que se refiere al tiempo del alumnado. Para que esta distribución sea eficaz debe ser excluyente. Es decir, lo que se hace a un nivel no se repite en otro.

Proponemos la siguiente relación de cómo hay que relacionar las unidades de tiempo con niveles de organización y decisión más o menos complejos:

Tal como hemos definido las unidades de tiempo depende del papel que tenga cada persona del centro educativo, y según el equipo y el órgano en el qué esté actuando, participará en decisiones relacionadas con ellas.

La primera crítica que debemos hacer a la distribución tradicional del tiempo en los centros educativos es que no se relacionen las decisiones tomadas en distintos niveles de distribución de tiempo. Si cuando el profesorado realiza una sesión de clase no tiene clara la distribución del trimestre o del ciclo e incluso de la etapa, dificultará el proceso educativo ya que el ritmo de trabajo no será coherente, se añadirán sucesivamente retrasos en el aprendizaje y sobre todo se dará un tratamiento de tiempo a las actividades y a los temas independientemente de la importancia que tenga cada contenido en el aprendizaje general. Es decir el tiempo de los centros escolares parece ser todo igual excepto cuando se refiere a épocas previas a evaluaciones.

Vamos a analizar pues las inadecuaciones de estas unidades, no tanto respecto a sí mismas sino respecto su utilización con coherencia global. Antúnez, en un trabajo reciente, distingue los siguientes elementos para la reflexión. (Antúnez y Gairín, 1996; Antúnez, 1994).

- Uniformidad en el tratamiento del tiempo.
- Excesiva fragmentación.
- Distribución del tiempo poco coherente con las necesidades de los alumnos y alumnas.
- Tiempo incoherente respecto a la metodología y los contenidos.

Son un buen resumen de las reflexiones que se ha establecido tradicionalmente desde la organización escolar.

Hay otra conclusión clave en el tratamiento del tiempo. La distribución del tiempo es un elemento de ejercicio de poder. Ante la tradicional distribución a través de un horario mosaico deben buscarse alternativas que tengan en cuenta otras cuestiones complementarias a grupo de alumnos, profesor, materia. El horario de los centros mosaico en general tiene en cuenta fundamentalmente dos elementos:

- Las horas mínimas establecidas por la normativa tomadas por semanas (veremos que incluso la normativa en la actualidad presenta ambigüedades para poder distribuir el tiempo por ciclos o créditos independientemente de su distribución semanal). Es decir se parte de un criterio general relacionado con el concepto de programas y de materias sin otros elementos como las necesidades de los alumnos y alumnas concretos u otros.

- Una distribución del horario a través de los intereses del profesorado, tanto internos como externos. (En este sentido los jefes de estudio, sobre todo en los centros de secundaria, deben poseer dotes de control versallesco para realizar horarios que satisfagan al máximo al mayor número de profesores y profesoras.)

Analizaremos detalladamente cómo superar este modelo por varias razones:

- Porque están relacionados con calendarios y horarios laborales que no responden ya a las necesidades de la educación, y se alejan de las tendencias comunes del entorno social. La rigidez de horarios forma parte de una sociedad que está siendo sistemáticamente superada por la flexibilidad. Nos parece sorprendente el mantenimiento de la uniformidad de los horarios en la enseñanza.
- No hay relación entre las distintas unidades de tiempo. Cuando alguien dice «no he podido terminar mi programa o todo el contenido de tal o cual crédito, lo que está expresando es una forma de tratamiento de tiempo en que las unidades no están coherentemente trabadas. Se van superponiendo distintos elementos y distribuciones de tiempos y en realidad lo que se consigue es una insatisfacción desde todos los puntos de vista. El efecto fragmentación en el alumnado es la consecuencia más conocida de este problema
- La diversidad de elementos organizativos que intervienen en el proceso educativos tratados de forma independiente respecto al tiempo, conlleva la falta de prioridades en los recursos temporales de los procesos de enseñanza y aprendizaje, es decir, tanto en las aulas como en la organización del centro. En la propia vida del centro y básicamente entre el profesorado se vive con una sensación de escasez cada vez más evidente. Mientras la organización se queja por la falta de tiempo no se racionaliza su uso. Paradójicamente falta mucho tiempo mientras se aprovecha poco el que se tiene.
- Poca relación entre tiempo institucional de clase o de los alumnos y el tiempo del profesorado. El aprendizaje significativo (Ausubel y otros, 1983), ha demostrado que los seres humanos aprenden continuamente y no solamente cuando se ponen en disposición de aprendizaje. El profesorado debe tener en cuenta que no es la única fuente educativa del alumnado ni tampoco su única fuente instructiva. El tratamiento del tiempo para la educación en los centros no se hace nunca a partir de todo el tiempo de los alumnos y alumnas, sino que se separan de forma inadecuada los períodos de aprendizaje y los que no lo son. No solamente entre el tiempo en la escuela y el tiempo fuera de la escuela sino también en los distintos momentos dentro del centro. Algo parecido sucede con el del profesorado ya que se distribuye a través de una uniformidad, que en ningún caso se ajusta a las necesidades reales, y no en función de las tareas que ejercita. Esta situación aumenta la sensación de impotencia ante el tratamiento del tiempo.

- Hay muchas dificultades para poder cambiar elementos del tiempo. Aparecen en los centros con tal intensidad que la posibilidad de cambio por ejemplo a través de una distribución del tiempo más amplia que las semanas, provocan en general un gran escepticismo, a pesar de que hay multitud de experiencias concretas que demuestran lo contrario (Gairín, 1993). Por ello cuando consideramos el tiempo como una «variable», como un recurso funcional estamos diciendo que debemos poder manipularlo y utilizarlo en función de nuestros objetivos.
- Los objetivos se adaptan al tiempo y no al revés. En un proceso racional el tiempo se determinará después de haber fijado los objetivos, o al menos se tendrá en cuenta de forma simultánea. En los centros educativos se da la paradoja de que las sesiones se preparan primero situando las horas y su distribución semanal y después buscando las actividades adecuadas al tiempo. Proponemos cambiar esta forma de pensar.

El tiempo de los alumnos

Éste es un concepto que permite diversas interpretaciones. Por ello vamos a intentar definir desde el principio algunos elementos que nos servirán como puntos básicos de partida.

Debemos enfocar como tiempo educativo de los alumnos y alumnas, todo su tiempo. En la actualidad ya nadie discute que en la formación de los alumnos y alumnas se interrelacionan elementos muy diversos y que la separación entre tiempo para el aprendizaje y tiempo libre es solamente un aspecto formal, útil y convencional para los educadores. El alumno forma y construye sus conocimientos a partir de todas sus experiencias. Aún más, los elementos motivacionales, atribucionales y de expectativas que tanto intervienen en el resultado de la educación, tienen muchas veces sus condicionantes fundamentales (Alonso y Montero, 1990) en elementos ajenos a los propios centros educativos.

Por tanto hablaremos de tiempo educativo tanto respecto al tiempo de trabajo que los alumnos y alumnas utilizan en tareas académicas diversas como respecto al tiempo libre. Ambos deben ser una referencia tanto para los educadores como para los padres y las madres de los estudiantes, a los que es conveniente corresponsabilizar en la educación de sus hijos e hijas y también de los aprendizajes escolares.

A partir de esta consideración este capítulo vendrá configurado de la siguiente manera:

- En primer lugar trataremos los condicionantes higiénico-sanitarios con las consecuencias que deben sacarse en relación a la educación en condiciones de salud.
- En segundo lugar veremos el tiempo desde la perspectiva del alumno en sus procesos de aprendizaje y añadiremos unas líneas generales sobre la importancia de la educación sobre la planificación del tiempo.
- Seguiremos con la reflexión sobre la estructuración del currículum y los horarios de los centros educativos.

- Finalizaremos con más ideas globales del tratamiento del tiempo en los centros educativos.

Condiciones y limitaciones al uso del tiempo

El uso del tiempo tiene algunos condicionantes previos que limitarán la capacidad de aprendizaje del alumnado y de actuación del profesorado. Los criterios para utilizar el tiempo se clasifican en tres grandes grupos (Gairín, 1993):

- Criterios higiénico-biológico.
- Criterios pedagógicos.
- Criterios socioculturales.

En este texto vamos a concretar primero los condicionantes higiénicos y biológicos y después los socioculturales. Los denominados criterios pedagógicos se tratan globalizados a lo largo de todo el capítulo.

Educación en condiciones de salud. Los condicionantes higiénicos y de salud respecto al tiempo escolar

El tiempo tiene un componente subjetivo evidente. Por ello los estudios sobre los condicionantes higiénico temporales que han pretendido definir unas conclusiones generales encuentran dificultades ante la amplia diversidad de elementos que intervienen en las situaciones de aprendizaje (Laborit, 1976). Sin embargo y como reflexión e información se pueden citar algunos de estos elementos para utilizarlos con las cautelas que después definiremos (Gairín, 1993).

Las reflexiones se sitúan en los siguientes parámetros:

El ritmo de trabajo de las personas varía a lo largo de la jornada

Por ello es conveniente programar el trabajo de los alumnos y alumnas en función de estos ritmos. Por ejemplo se sugiere que :

- Se dosifique la duración de las clases.
- Se distribuya las materias durante la jornada según su grado de dificultad.
- Se aprovechen los momentos de máxima energía para la realización de tareas con mayor dificultad.
- Se tenga en cuenta que el cansancio disminuye el ritmo de trabajo a medida que el día avanza.

El grado de atención de los alumnos es variable y tiene limitaciones

El profesorado tendrá en cuenta esta variabilidad en la programación de sus clases. Se recomienda:

- Utilizar la más amplia diversidad de técnicas didácticas de aprendizaje para mantener la atención del alumnado y evitar la fatiga.
- Limitar el tiempo de las actividades a la capacidad de atención del alumnado en función de su edad.
- Usar técnicas de motivación para que el alumnado mantenga la atención sin un esfuerzo desmesurado. La desmotivación provoca la fatiga y la desconcentración.

La fatiga disminuye la capacidad de aprendizaje

Los estudios realizados en el ámbito de la psicología del aprendizaje, han demostrado que la capacidad para el aprendizaje después de llegar a un momento óptimo de rendimiento disminuye rápidamente. El conocimiento intuitivo o mediante observación por parte de los profesores y profesoras de estos aspectos les da una información muy útil para la preparación y la ejecución de sus clases. Se recomiendan algunas medidas concretas:

- Limitar las jornadas de trabajo de los alumnos en cuanto a horas.
- Limitar las horas consecutivas de trabajo en las semijornadas de mañana y o tarde.
- Utilizar al máximo el horario matinal ya que parece que los estudiantes acumulan mayor cansancio por la tarde.
- Realizar momentos de descanso.

Limitaciones de la utilización de los criterios higiénicos y sanitarios

Los criterios higiénico-sanitarios poseen una base experiencial indudable y los estudios científicos los avalan. El alumno tiene limitaciones físicas y psíquicas respecto a su capacidad de aprendizaje. Aunque critiquemos la utilización mecanicista de estos criterios, es necesario situar y definir su importancia.

La generalización de los ritmos de las personas no se ha visto confirmada por la práctica. Se ha dicho que hay que aprovechar las mañanas porque los alumnos están más atentos o acumulan menos cansancio, pero los estudios de la psicología diferencial han demostrado la inmensa variabilidad de las personas en este sentido. En la literatura divulgativa al uso, se habla de personas «búho» que trabajan bien por las noches y personas «alondras» que se sienten en plenitud de condiciones por la mañana. Se cree que los hábitos sobre el tiempo de sueño se relacionan con estos aspectos y que muy probablemente están relacionadas con una base bioquímica diferencial. Debemos pues usar con precaución estos criterios y siempre desde una visión de conjunto.

Los criterios que prevalecen a menudo son de tipo sociocultural (Gairín, 1993): las costumbres sociales, las disposiciones oficiales, el entorno escolar, el transporte escolar, etc. A veces también vemos que en los centros prevalecen intereses laborales o de la titularidad. Por ello es oportuno remarcar la importancia que estas condiciones de salud tienen a la larga sobre el alumnado y sobre su aprendizaje (Thomas y Davis, 1992).

El estudio llevado a cabo en el movimiento de escuelas eficaces demostró que aunque a mayor tiempo de escolarización mayor grado de aprendizaje, los estudiantes tenían un umbral, variable con la edad, a partir del cual la correlación entre el tiempo dedicado al aprendizaje no se correspondía con el rendimiento. Es decir que no siempre el aprendizaje depende directamente del tiempo utilizado aunque correlaciona positivamente con él.

En la individualización, en el tratamiento personalizado de los alumnos y alumnas, es aún más necesario observar estos criterios al tomar decisiones educativas para cada uno de ellos.

Finalmente hay que tener en cuenta que, aunque la actividad escolar tiene a los alumnos y las alumnas ocupados una parte importante del día, éstos realizan otras actividades, sobre las cuales el profesorado no tiene ningún control. Estas actividades complementan o dificultan su aprendizaje escolar. Los estudiantes pueden manifestar dificultades y limitaciones a su posibilidad de aprendizaje. Se da por ejemplo en alumnos y alumnas de nivel socioeconómico y cultural bajo, o simplemente en alumnos de familias con hábitos poco definidos, debido a condiciones inadecuadas de comer o dormir. Por ello la relativa valoración general de estos elementos adquiere rasgos más definidos cuando pensamos en estudiantes concretos.

Deberíamos añadir a este panorama la situación de algunos alumnos y alumnas que debido a un afán de sus padres por que realicen actividades complementarias, hacen un horario excesivo. Este hecho aparece en las grandes ciudades donde, a menudo, los alumnos y alumnas deben añadir a su horario de clases y de actividades complementarias, un transporte. Son niños y niñas con un horario muy cargado que tiene como consecuencia un rendimiento menor.

Como conclusión diremos que estos condicionantes son de naturaleza criterial y como tales deben usarse sin pretender en ningún momento que tengan un valor absoluto.

Condicionantes culturales, sociales y políticos

La autonomía de decisión de los centros educativos respecto al tiempo está limitada por un conjunto de condicionantes muy influyentes de tipo sociocultural y político. Gairín y Antúnez (1996) citan unos cuantos:

- La normativa legal y reglamentaria.
- El contexto geográfico.
- Las costumbres sociales.
- Las necesidades sociales.

Como vemos estos condicionantes abarcan desde cuestiones prescriptivas como las normas legales, hasta cuestiones tan arraigadas como las costumbres. Dado que estas cuestiones son convencionales pueden cambiar, por ejemplo, en fiestas, horarios y jornadas, vacaciones, etc.

Nos parece interesante por tanto poder discutir estos condicionantes y no aceptarlos acríticamente, ya que podríamos deducir que pueden beneficiar o perjudicar los procesos de enseñanza y aprendizaje de los alumnos y alumnas. Citaremos como ejemplos algunos de ellos como muestra del tipo de reflexión.

La jornada continuada o partida

Cómo ejemplo de una discusión que se debate en el ámbito educativo, podemos citar la jornada continuada o partida. En este momento en el Estado español hay comunidades autónomas que aplican, sobre todo en la enseñanza pública, jornadas continuas en la primaria y en la secundaria. En otras autonomías se mantiene la jornada partida en primaria y en algunas tardes de secundaria.

¿La jornada continuada es mejor o peor que la partida? Cómo en muchas cosas relativas al mundo de la educación tendremos que decir que depende. Este tema debe debatirse desde una visión conjunta de cuestiones y no puede aislarse de cómo están organizados los horarios en estas sesiones matinales o de tarde.

En un libro de esta misma colección Antúnez y Gairín (1996) establecen un cuadro de ventajas e inconvenientes.

Justamente en este aspecto y en su complejidad se basa la falta de congruencia de muchas de las decisiones que se toman. Esta decisión debería realizarse siempre con el pensamiento centrado en la finalidad educativa de los centros y por tanto respecto a los alumnos y alumnas, y por el contrario se tienen en cuenta las demandas del profesorado respecto a su horario, o necesidades relacionadas con los horarios de los padres y las madres.

Sería incongruente que nos definiéramos de forma genérica en este tema, cuando la tesis de este libro se basa en que el tiempo debe estar relacionado en cada centro, con sus recursos y sus necesidades. Añadiremos a las diversas ventajas e inconvenientes, algunas condiciones sobre la jornada partida:

- Que no disminuya el tiempo de atención a los alumnos y alumnas.

Cuadro 16. Ventajas e inconvenientes de la jornada continua (Antúnez y Gairín)

VENTAJAS	INCONVENIENTES
. Facilita la realización de actividades de larga duración.	. No se aprovechan los posibles rendimientos de la tarde.
. Concentra el tiempo escolar y aumenta el libre.	. Se generan ausencias por el exceso de horas seguidas.
. Permite concertar las horas de trabajo del profesorado.	. Transcurre más tiempo entre la entrada al centro y la comida.
. Posibilita una distribución más racional y operativa de las actividades escolares.	. Obliga a reajustar el horario de acuerdo con las características de los grupos.
. Se evita la doble adaptación de los protagonistas.	. Reduce el tiempo real de enseñanza porque obliga ha hacer más pausas largas.
. Facilita el perfeccionamiento del profesorado.	. Una excesiva oferta de actividades extraescolares puede difuminar los objetivos principales de la escuela.
. Permite una mayor integración de la escuela en su medio social (si se acompaña de un plan de actividades extraescolares).	. Potencia una falta de dedicación exclusiva del profesorado.
. Nos acerca al modelo de sociedad de ocio.	. Exige más profesionales para las actividades alternativas de la tarde.
. Permite autoorganizar el tiempo libre.	. Puede influir negativamente en los sectores sociales más desfavorecidos.
. Reduce tiempos en desplazamientos de profesores y alumnos.	. Ocasiona transtornos en los horarios familiares.
. Posibilita la comida en familia.	
. Reduce el número de alumnos que utilizan el comedor y talleres.	. Pierde sentido el uso de servicios de comedor y talleres, que a veces tienen un carácter asistencial.
. Reduce el absentismo laboral.	

- Que se garantice el trabajo en equipo del profesorado en el centro educativo.
- Que a través del centro, de las asociaciones de padres y madres o de los ayuntamientos se garantice a los alumnos y alumnas la posibilidad de hacer actividades con otros compañeros y compañeras.
- Que la distribución de áreas, trabajos y asignaturas del alumnado se sitúe en un ámbito racional.

El período vacacional

Ya hemos dicho anteriormente que la relación directa entre horario del profesorado y horario del alumnado es una opción, y no la más eficaz, sobre la distribución del tiempo. Es por ello que si coincide el período vacacional de unos y otros es solamente por costumbres sociales o derechos laborales.

Se ha dicho que las vacaciones en el Estado español son más largas en verano que en el resto de los países europeos debido al clima. El período vacacional es excesivo desde el punto de vista del aprendizaje de los alumnos y alumnas. Nos parecerían más adecuadas propuestas de más períodos de descanso de mayor brevedad que el período estival. Como ejemplo la semana de carnaval que se realiza en Francia y que distribuye mejor un segundo trimestre que en nuestro país es a veces muy largo. Sea como sea, un tiempo de vacaciones tan prolongado provoca olvidos, pérdida de hábitos de estudio, es decir disminuye el rendimiento conseguido durante el curso.

Horarios similares en distintas edades y en alumnos distintos

Se ha observado que el horario de los alumnos y alumnas en los centros educativos son similares en la enseñanza infantil y primaria y no muy distintos globalmente a la secundaria obligatoria. Las actividades que realizan, los momentos de descanso son distintos, esta homogeneización temporal se explica por intereses de los padres y de los maestros pero no tiene ninguna lógica desde el punto de vista pedagógico. Pensamos que el horario debería tener relación con los objetivos que nos propongamos.

También alumnos y alumnas con distintos niveles de conocimiento, y con distinto ritmo de aprendizaje, reciben un tratamiento igualitario en cuanto a horas.

Si adecuamos el currículum al alumnado debemos hacer lo mismo con el uso del tiempo, como parte de esta misma propuesta curricular. Aunque es posible que no sea viable a corto plazo plantearse horarios diferenciados para cada alumno, podemos pensar en actividades diversificadas, asegurando momentos para el trabajo y el estudio que permitan al profesorado otorgar una atención más individualizada a aquellos estudiantes que lo necesiten.

Fiestas a lo largo del año

El calendario está relacionado con nuestro origen cultural procedente del mundo romano y griego, un mundo fundamentado en el cultivo de la tierra. La Iglesia Católica se adaptó a este calendario y muchas de las fiestas coinciden con momentos importantes en el ciclo económico del cuidado de la tierra. El calendario era por tanto lógico en su momento. En la actualidad el sistema de vida de nuestro país con una economía basada en la industria y el sector terciario, el calendario de fiestas ha perdido su carácter racional y sólo se conserva como una forma de preservar distintas tradiciones.

El profesorado debería tener muy presente cómo se distribuyen las fiestas a lo largo del curso, para que no perjudique el ritmo de trabajo de los alumnos y alumnas. En espera de que haya un planteamiento de los calendarios, sólo podemos aconsejar al profesorado que se adapte con inteligencia a la distribución temporal del año, pensando en los estudiantes.

Sobre la cultura organizativa de los centros respecto al tiempo

En la literatura sobre organización escolar se habla de la cultura organizativa como una variable condicionante básica para plantear cambios en las instituciones. Esta cultura incide en la distribución de los horarios y dificulta cualquier planteamiento de cambio. Un cambio en la organización supone un cambio de cultura, en definitiva un cambio de pensamiento de los miembros de la comunidad educativa. Se ha de plantear desde el punto actual de la organización, a través de pasos concretos con la comprensión y participación de todos.

Aunque en el apartado sobre el profesorado insistiremos en este aspecto es necesario advertir que los problemas más importantes ante los cambios respecto al tiempo surgirán sin duda de ideas preconcebidas o concepciones que son incapaces de imaginar formas de organizar los tiempos fuera del sistema tradicional de la parrilla de horas y de asignaturas.

Para plantear cambios en la cultura organizativa sobre el tiempo escolar debemos tener en cuenta las siguientes cuestiones:

- Los cambios no se pueden plantear desde decisiones centralizadas sin encontrar resistencias notables.
- Los cambios en la concepción organizativa del tiempo deben ser asumidos después de una reflexión en común y analizando las ventajas y los inconvenientes que suponen.
- Hay que tener en cuenta los distintos intereses de los miembros de la comunidad educativa y procurar equilibrar los esfuerzos y las ventajas.
- Hay que situar los cambios con la tecnología más simple posible para que la complejidad no obstruya la puesta en marcha de la innovación.
- Detrás de cada distribución del tiempo existe una concepción educativa. Tendremos que descubrir los aspectos positivos que una cierta distribución de tiempo conlleva para que no se pierdan en la implantación de nuevos horarios o sistemas de distribución.
- De la implantación de nuevas propuestas debe estar informada toda la comunidad educativa y que se comprendan sus ventajas. Se hará por tanto a través de sus máximos órganos de representación: El consejo escolar y el claustro de profesores.

Sobre la normativa actual relacionada con el tiempo

El proceso de normativación al cual se ha visto sometido el sistema educativo en su conjunto desde los años ochenta ha sido extraordinario. La administración ha intervenido en los centros a través de un sinfín de regulaciones. Cómo es lógico también ha intervenido sobre el tiempo (véase anexo sobre la normativa).

La descentralización del sistema educativo español con el traspaso de competencias a las comunidades autónomas, proceso que se generalizará antes del cambio de siglo, ha hecho que el grado, intención y cantidad de la normativa sean en este momento distintas según cada comunidad autónoma.

La normativa sobre el tiempo en sus aspectos fundamentales se refiere:

- A los centros:
  - Los calendarios escolares.
  - Limitaciones y condiciones de los horarios de los centros.
- Al profesorado:
  - Horario de los profesores y profesoras en centros públicos.
  - Convenios.
- A los alumnos:
  - Horarios de los alumnos y alumnas en los diferentes etapas.
- Al currículum:
  - Enseñanzas mínimas.
  - Distribuciones por áreas en comunidades autónomas.
  - Distribuciones en comunidades autónomas con lengua propia distinta del castellano.

Nuestra posición respecto a la normativa no es neutra. Ni la consideramos incuestionable ni nos parece nada acertado ignorarla. Es por ello que respecto al tiempo podemos señalar elementos positivos y negativos de carácter general.

La normativa ha tenido como aspectos positivos los siguientes:

- Configurar un sistema educativo homologable en el conjunto del Estado que, sin menoscabo de la diversidad de las distintas comunidades autónomas, permita titulaciones y ordenación general común.
- Posibilitar que se desarrollen aspectos diferenciales relacionados con el entorno lingüístico y cultural.
- Definir elementos que podrían crear discriminaciones, como el tiempo global de los alumnos y alumnas, tiempo de las áreas, etc.

En la parte negativa debemos constatar:

- Las reglamentaciones han limitado, la autonomía del centro.
- Se ha uniformado aspectos que no son esenciales en el sistema educativo.
- Se han reglamentado con la intención de disminuir la inversión en el sistema educativo, pretendiendo que se crea que se buscaba una racionalidad.

Debemos pues señalar la necesidad de considerar también la normativa como un recurso funcional que debemos utilizar en beneficio de la comunidad educativa y de los alumnos y alumnas (Viñas, 1994). Un conocimiento detallado de la normativa por parte del profesorado y sobre todo de aquellos que han asumido temporalmente funciones de dirección y gestión, brindará más posibilidades de utilización que si simplemente se asumiera sin reflexión

El tiempo del alumnado y la educación para la planificación del tiempo

Los educadores, sean padres, madres, profesores o profesoras, y los propios alumnos según su edad, han de plantearse el tema del tiempo de aprendizaje en su conjunto. La relación con la planificación del tiempo ha de situarse creativamente y globalmente. La educación para la utilización del tiempo en los alumnos y alumnas es de máxima trascendencia y tiene consecuencias muy importantes para su formación integral.

Desde el centro educativo no pretenderemos un control sobre todo el tiempo de cada alumno, y vamos a centrarnos en aquellos aspectos que tienen que ver en concreto con su aprendizaje escolar y en general sobre los aspectos de su formación directamente relacionados con las tareas académicas. A pesar de todo no debemos olvidar la importancia que tienen para la formación de los alumnos y alumnas, medios como los familiares, *mass media*, etc.

Analizando el tiempo de los alumnos podemos clasificarlo según el cuadro siguiente:

Cuadro 17. El tiempo de los alumnos

TIEMPO EN EL CENTRO EDUCATIVO

- Tiempo de clase
- Tiempo de explicaciones y organización de los contenidos
- Tiempo de actividades dentro de la clase
- Tiempo de estudio
- Tiempo de actividades escolares complementarias
- Tiempo de descanso

TIEMPO FUERA DEL CENTRO RELACIONADO CON TAREAS ACADÉMICAS

- Tiempo para trabajos complementarios
- Tiempo de estudio
- Tiempo de formación general

Ésta es la visión global sobre el tiempo que deben tener tanto los profesores, como los padres y los propios alumnos, que ha de ayudar a definir el «cuándo enseñar» del currículum (del Carmen y Zabala, 1992), un elemento organizativo fundamental.

Este tiempo debe estar bien integrado, tener un buen equilibrio, ya que el éxito académico viene determinado por la dedicación de los estudiantes a cada una de estas actividades. Veamos cuáles son los problemas que encontraremos en cada una de estas categorías temporales.

Tiempo en el centro educativo

El tiempo del alumno debe relacionarse más con su propia actividad que con una red de horarios y espacios. Los estudiantes además de asistir a las clases, deberán realizar un número determinado de actividades que son necesarias para un buen aprendizaje (Antúnez y Gairín, 1996; Viñas, 1994).

Uno de los errores graves en el mundo educativo, es la costumbre de pensar que el profesorado es imprescindible en la explicación, y no en los ejercicios. El profesorado da instrucciones y no sigue de cerca los procesos de realización de las actividades. Vemos incluso que los ejercicios, que forman parte del proceso de aprendizaje, se dejan para casa. Hay que organizar mejor el tiempo de las clases para evitar el uso de metodologías que provocan estas circunstancias.

Es importante, además, que el alumnado tenga tiempo para estudiar, es decir, para poner en orden aquello que ha aprendido y relacionarlo con aquello que ya sabe, es decir para que su aprendizaje sea significativo. A medida que el alumnado se dirige a la preadolescencia y la adolescencia hay que educarle para que aprenda a estudiar. Esto se debe hacer dentro del centro educativo en primera instancia. A aprender se aprende, y a estudiar se aprende.

Si observamos la distribución del tiempo constatamos que, debido a fragmentaciones excesivas o a una visión demasiado optimista sobre la adquisición de hábitos de estudio, en los centros educativos, los alumnos realizan pocos ejercicios y casi nunca tienen tiempo destinado al estudio guiado. Es un grave error dejar este aspecto a un espacio y tiempo, como el de casa del alumno donde no siempre se puede ejercer el control que se dispone en el centro educativo.

El tiempo de las actividades escolares complementarias, salidas, excursiones, debe estar integrado con toda la educación de la enseñanza reglada. Estas actividades complementarias deben tener un tiempo de dedicación que esté relacionado con el tiempo general. Además, debemos obtener del alumnado el nivel de atención también en estas actividades. No siempre será fácil porque a veces se ha centrado demasiado la motivación sobre los resultados y no en las tareas. Hay que evitar el carácter de paréntesis, respecto al tiempo de trabajo, que parece tener el alumnado en las actividades complementarias.

El tiempo de descanso es un tiempo educativo tan importante como el utilizado en tareas académicas. En él, los alumnos realizan procesos de socialización que influyen en su educación. Como consecuencia la cohesión grupal de los alumnos se consigue o se deshace muchas veces fuera del aula. En otro capítulo de este libro nos referimos a la importancia que tiene el clima ambiental para un buen desarrollo educativo. Incluso podemos ver que, en la literatura pedagógica, preparar el contexto para poder trabajar aparece como una de las tareas básicas del profesorado. El tiempo de descanso, el recreo, es un momento básico para buscar esta situación. Aparte de su utilidad para la disminución de la fatiga, es un momento privilegiado para recomponer ritmos y realizar socialización.

El equilibrio en el currículum respecto a las materias será tratado posteriormente. De todas maneras habría que analizar la metodología utilizada en las diferentes materias para tener una visión adecuada respecto al tiempo de aprendizaje del alumnado.

Resumiendo sobre el tiempo en el centro proponemos lo siguientes puntos de reflexión:

- Relacionar el tiempo con las actividades de los alumnos

- Dar tiempo para la realización de ejercicios y guiar su desarrollo.
- Establecer momentos de estudio guiado, dentro de las áreas o en horarios de tutoría.
- Relacionar las actividades complementarias con el curriculum global.
- Cuidar el contexto y el clima ambiental. Aprovechar los tiempos de descanso para la formación integral en aspectos de convivencia.
- Analizar la metodología utilizada en las distintas materias para relacionarla con el alumnado.

Tiempo en casa

Como hemos dicho anteriormente los aspectos del tiempo en casa, estarán relacionados con las actividades de los centros educativos.

En casa deben realizarse trabajos complementarios o ejercicios de repaso. Este planteamiento en ningún caso debe servir para realizar actividades que deberían realizarse en clase y que por falta de tiempo se pasan a casa. Aprender no es fácil, pero aprender sólo es muchas veces imposible en según que actividades y según la edad de los alumnos y alumnas. Las actividades planteadas han de ser racionales, y obtener interés del alumno. El profesorado calculará cuanto tiempo ocupará el alumno para lograr una buena coordinación en el equipo de profesores y no agobiar a los alumnos.

En casa también es conveniente el estudio. Aunque se ha dicho muchas veces repetiremos que debe separarse el estudio del examen. El tiempo de estudio en casa debería organizarse de forma sistemática. Cualquier soporte de organización del tiempo de los alumnos y alumnas tendrá resultados que incidirán no sólo en rendimiento académico sino también en la creación de hábitos de trabajo y estudio. Hay que superar la idea de que el estudio y el trabajo en casa es siempre un trabajo penoso y que se acrecienta solamente por la angustia de unas pruebas. La práctica contraria ha provocado una aversión al estudio dificultando el interés por la tarea por parte de los alumnos.

La formación general en la actualidad, puede venir relacionada con la utilización de la gran cantidad de medios informativos que poseemos y que las posibilidades de la telemática han multiplicado hasta el infinito. La televisión es la gran estrella y el elemento por el cual se reciben innumerables informaciones que, por falta de estructuras cognoscitivas sólidas y de elementos que organicen la información, no podemos utilizar de forma correcta. Es por ello que la escuela y la familia deben cuidarse de dar instrumentos para una utilización de estos medios de forma eficaz para la formación de los alumnos (Teixidor, 1994).

No creemos que sea conveniente que los alumnos y las alumnas realicen en casa otra jornada de trabajo similar a la del centro educativo. Es por ello que se debe organizar este horario de trabajo en casa y procurar limitarlo. Es conveniente que los estudiantes no tengan la sensación de que siempre tienen tarea para hacer.

Algunos padres complementan el trabajo de la escuela con actividades extraescolares en otras instituciones. Para completar la educación de los centros escolares, llevan a sus hijos e hijas a actividades como la música o las lenguas extranjeras. Es necesario guardar un equilibrio en el horario global de los alumnos y alumnas e intentar no cargarlo excesivamente. Dependiendo de si al alumno le gusta la actividad o no, podríamos encontrarnos con efectos contrarios a los pretendidos. La fatiga desmotiva y no deja aprender correctamente.

De este panorama general debemos extraer los elementos necesarios para realizar una educación de los alumnos y alumnas de su organización del tiempo en casa respecto a las actividades académicas.

Resumiendo en referencia al trabajo en casa:

- Los ejercicios en casa son ejercicios complementarios o para el repaso.
- Se debe habituar el alumno al estudio sistemático en casa y no solamente para pruebas o exámenes.
- Se deben utilizar los medios ordinarios, como la televisión u otros, para complementar la formación de los alumnos y alumnas.
- Hay que controlar el tiempo global de los estudiantes para no cansarles demasiado.
- Las actividades complementarias deben analizarse en el conjunto del tiempo del alumno.

Educación para la utilización del tiempo por parte de los alumnos

La educación para el tiempo debe basarse en algunos objetivos generales:

- Educar a los alumnos para que conozcan las actividades a realizar y puedan distinguir las actividades de alto rendimiento en sus procesos de aprendizaje.
- Aprender a distribuir su tiempo de aprendizaje de forma óptima para conseguir el máximo resultado.
- Distribuir el tiempo de forma equilibrada para conseguir que se relacionen sin angustias con sus obligaciones educativas.
- Aprender la utilización de instrumentos de planificación del tiempo: Agendas, cronogramas, etc.
- Dominar las interrupciones para controlar el tiempo.

De hecho la práctica educativa ha dejado estos aspectos como una decisión exclusiva del profesorado, sin ninguna intervención de los alumnos. Es difícil plantear un centro educativo donde los alumnos y las alumnas organicen su tiempo de forma autónoma. Pretenderemos sin embargo, sobre todo en el alumnado de la secundaria, que lo hagan en parte, es decir que progresivamente vayan tomando las riendas de la organización de su aprendizaje en la realización de actividades, trabajos, estudios etc.

Este tiempo ha de estar tutelado, ya que los centros educativos tienen la obligación de conseguir precisamente que los alumnos y las alumnas adquieran, consoliden y mantengan hábitos de estudio, es decir hábitos para el aprendizaje, en lenguaje de la reforma educativa que se eduquen en los procedimientos.

Esta educación de los alumnos y alumnas en la utilización del tiempo, tiene un carácter general y obliga al profesorado a organizar sus clases teniendo en cuenta este aspecto, siempre con las diferencias notables que debe tener el tratamiento del alumnado según su edad.

Estamos ante un verdadero eje transversal del currículum ya que su contenido se utilizará en todas las áreas y asignaturas. Habrá que superar visiones previas como «a planificarse el tiempo se aprende sólo», o «depende de la voluntad o el carácter y no del aprendizaje», o «el trabajo y los horarios se deben imponer porque sino los alumnos no hacen nada».

La aplicación de métodos para realizar este aprendizaje es materia para un libro de didáctica y no de organización escolar, sin embargo, a modo de enunciado, proponemos algunos líneas de trabajo:

- Trabajo con la agenda: horario semanal, anotaciones diarias de trabajos a realizar, etc.
- Planificación de ejercicios, pruebas, estudios por trimestres.
- Planificación de momentos de trabajo más intensos en períodos trimestrales.
- Previsión del tiempo de trabajo que se utilizará, comprobación y modificación de reserva de previsiones futuras.
- Análisis del grado de utilización del tiempo.
- Listado de cosas a hacer, establecer prioridades y urgencia.
- Determinar horarios en casa.
- Uso de calendarios.
- Aprendizaje de estrategias para utilizar el tiempo con mayor eficacia.
- Aprender a crear momentos de relajamiento, a utilizar el descanso para uno mismo.

Como vemos en esta exposición, no exhaustiva, indicamos algunos medios de trabajo que pueden multiplicarse tanto como sea necesario. En todo caso lo fundamental es conseguir que los alumnos y alumnas entiendan la importancia que tiene la utilización del tiempo para poder realizar el currículum, que según su capacidad pueden desarrollar.

Se ha dicho que la educación integral se basa sobre todo en conseguir que los alumnos y alumnas puedan enfrentarse a la vida con conocimientos, procedimientos y actitudes que les faciliten su incorporación y su relación con los demás. Debemos esperar que nuestros alumnos no tengan que aprender la organización de tiempo, sobre la marcha y sin ayuda directa del profesorado.

La organización del currículum y la distribución de los horarios

El tiempo en los centros educativos siempre ha partido de las necesidades de la impartición del programa, entendido como los contenidos conceptuales a desarrollar. La concepción nueva del currículum aporta nuevos elementos que deberían provocar cambios en la distribución tradicional del tiempo.

Podemos identificar un proceso ordinario de distribución del currículum y de horarios, muy consolidado en la organización de los centros educativos:

- Hay un límite temporal, fijado por la administración y/o por la titularidad del centro.
- La distribución de las sesiones por la mañana o por la tarde viene delimitada previamente a la distribución de las materias.

- La normativa fija prescriptivamente un horario mínimo por materias curriculares o áreas.[18] Se toma la medida por semanas.
- Se divide cada día de la semana en forma de «parrilla» en sesiones de una hora a una hora y media como máximo según los diferentes niveles educativos.
- Se distribuye en función de las materias en la primaria con la previa que el tutor realiza todo el currículum, o se distribuye teniendo en cuenta los especialistas. En la secundaria el profesorado se distribuye por especialidades curriculares y por cursos.

En los centros se realiza la labor organizativa de cuadrar horarios:
- Se hace sobre un instrumento basado en el horario de cada grupo, y el horario de cada uno de los profesores y profesoras.
- Las variables utilizadas se basan en la distribución del profesorado y en una distribución semanal ajustada a la distribución horaria determinada por la normativa de cada materia.

Esta actividad se realiza en los centros de secundaria obligatoria, por trimestres después de una distribución de créditos de base cíclica (2 años) (véase anexo). Se ha dificultado la concreción de los horarios, pero en su planteamiento empieza a haber elementos que favorecen una utilización más eficaz del tiempo.

Esta forma tan conocida de distribución del tiempo, está tan enraizada en la tradición organizativa escolar que cualquier planteamiento de cambio aparece como una utopía o se descarta por su aparente nueva complejidad. En realidad la utilización de otros elementos de distribución temporal distintos de estos implica el reconocimiento de diversas variables, y por tanto inicialmente presentan problemas organizativos más complejos en la concreción del tiempo como parte del currículum.

La utilización del tiempo no es una condición sino un recurso funcional que puede, y a veces debe, ser utilizado de forma diferente a la tradicional. Veamos algunas paradojas que se dan en la forma tradicional de ver el tiempo.

En general el profesorado cree que el tiempo destinado al aprendizaje de las diferentes áreas es insuficiente para los diversos y numerosos contenidos que se proponen. Los alumnos y alumnas tienen horarios sobrecargados y en su peregrinar en secundaria de clase en clase, no tienen tiempo de consolidar sus conocimientos que se acumulan sin estructurar.

Por otro lado los alumnos y alumnas realizan actividades complementarias y extraescolares fuera del horario escolar y realizan unas jornadas tan completas, sobre todo en los ámbitos urbanos, que ya se empieza a hablar de estudiantes con síntomas de estrés y a los cuales hay que perfilar «tiempo libre».

La percepción no es la misma según el profesorado, el alumnado o los padres.

Vamos a analizar algunas soluciones sobre la determinación del horario respec-

18. Posteriormente trataremos esta cuestión a partir de los análisis que Ball o Hargraves han aportado en brillantes análisis como la manifestación del poder en función del tiempo destinado a las diferentes materias.

to a las actividades de los alumnos y alumnas para poder tomar decisiones posteriormente.

El horario en forma de parrilla semanal: una plantilla más

El horario, tal como palabra indica, es una distribución temporal basada en dividir el tiempo global por horas. La horas a lo largo del tiempo han significado una unidad paradigmática que no solamente ha sido utilizado en la enseñanza sino en otros ámbitos.

El horario es una división diaria, y ésta es su referencia fundamental. Sin embargo y a la luz de que no se puede realizar una hora diaria de cada área de la enseñanza en primaria o secundaria se ha dispuesto el horario por semanas. Esta plantilla organizativa es un instrumento universal utilizado por todos los centros educativos.

El cuadro sobre ventajas e inconvenientes del modelo parrilla, nos sugiere la posibilidad de crítica constructiva sobre la necesidad de combinar esta organización del tiempo del alumnado con otros tipos de planificación. Proponemos pues, a partir de este análisis, empezar a proponer cambios graduales para perfeccionar la utilización del tiempo de manera más útil para el aprendizaje del alumnado.

Ventajas organizativas del modelo tradicional

- Establece una distribución del tiempo clasificado por grupos, por áreas y por docentes, que es fácil de recordar por parte de los estudiantes. Esto ayuda a crear un ritmo de trabajo estable, al cual los alumnos y alumnas llegan a acostumbrarse.
- Soluciona fácilmente la distribución de tiempo por materias. Dado que la normativa establece un tiempo mínimo obligatorio de las áreas, este modelo distribuye el tiempo de acuerdo con esta opción. Este modelo no es neutro ante el currículum ya que se considera que las asignaturas importantes son aquellas a las que se adjudica más tiempo. Si el centro se adapta totalmente a la propuesta administrativa significa que acepta los mismos valores y no intenta cambiar, dentro de sus posibilidades, la opción normativa previa.
- Utiliza la semana como unidad, controlada por las alumnas y los alumnos, que sirve para determinar socialmente los períodos de trabajo y descanso.
- Está inmerso en la tradición educativa y en su cultura organizativa tradicional, hay por lo tanto una costumbre social en su uso y eso facilita la adaptación de alumnado y profesorado.
- Al usar como una hora de una materia como unidad, el profesor y el grupo de alumnos, es perfectamente cambiable por otra materia y otro profesor y por tanto permite cambios con facilidad, ya que las unidades de tiempo están bien delimitadas.
- Permite para el profesorado una agrupación de su tiempo, dando continuidad a su horario. Para el profesorado es una solución muy útil, ya que no tiene mezcladas horas de dedicación a actividades no docentes con horario docente.

- Las decisiones sobre el tiempo quedan limitadas ya que con la utilización de unidades simétricas de trabajo se pueden organizar unas estructuras de clase parecidas, hecho que facilita el trabajo programador del profesorado.
- Dado que tiene un carácter general unifica horarios de entrada y salida y simplifica a los padres los posibles problemas derivados de horarios no uniformes o diversos según los estudiantes.
- Limita el trabajo en equipo del profesorado ya que sólo debe tener en cuenta la distribución temporal de las áreas sin entrar en el contenido específico del trabajo que deben realizar las alumnas y los alumnos. Puede suponer una ventaja para aquellos centros cuya actividad no se organiza conjuntamente sino que es la suma de diferentes clases.

Como veremos, algunas de estas ventajas pueden ser inconvenientes cuando se miran bajo el prisma de los intereses del alumnado o del propio proceso educativo, pero no debemos olvidar estos hechos porque para cambiar deberemos superar estas ventajas para parte de los componentes de la comunidad educativa.

Este instrumento de planificación tiene los suficientes fundamentos para poder seguir utilizándose, a pesar de los defectos que seguidamente expresaremos. No propondremos cambiar radicalmente de tipo de horario sino realizar algunos cambios en la medida que el equipo docente crea que será más beneficioso para el alumnado y asuma los cambios bien organizados y de manera progresiva.

Inconvenientes del modelo parrilla

Desde el punto de vista de la racionalidad organizativa y pedagógica se ha criticado que:

- El currículum se establece en función de la lógica de las materias y no en función del tiempo de aprendizaje de los alumnos y alumnas. La organización de las clases se plantea con discontinuidades, es decir un profesor deja una explicación a medias y al cabo de dos días, en el mejor de los casos, prosigue en el mismo punto como si fenómenos como el olvido, la memorización y el aprendizaje significativo no existieran.
- Se crean dificultades en aquellas áreas donde es necesario el entrenamiento constante. En muchas actividades y sobre todo en algunas áreas el entrenamiento constante es básico para asegurar la creación de hábitos: educación física, idiomas..
- Los horarios por áreas semanales de dos sesiones dificultan esta continuidad.
- Esta distribución del tiempo provoca que se interrumpan precisamente las actividades en las que los alumnos interiorizan, construyen de forma activa sus conocimientos, dejando el aprendizaje a la memoria no significativa.
- No se aprovecha al máximo el ritmo de los alumnos y alumnas, adaptándolos a un ritmo totalmente artificial.
- Es un tipo de horario que no facilita el tratamiento de la diversidad ya que para ello hay que introducir otras variables organizativas.
- En general provoca que por los grupos pasen un número máximo de perso-

nas. Es decir que existe la posibilidad de dispersar al alumnado haciéndolo tratar con un número excesivo de profesores.

- El tiempo de aprendizaje se fragmenta (Antúnez, 1994), no se ajusta a lo que se aconseja desde las ciencias del comportamiento. Los procedimientos didácticos que han de tener una necesaria continuidad quedan interrumpidos de forma ilógica en la mitad de los procesos. No se valora suficientemente el esfuerzo o incluso las dificultades que soportan los estudiantes en el actual sistema de distribución de horarios.
- El único referente es el horario del profesorado con lo cual los intereses de carácter individual pasan sobre los intereses de la institución educativa.
- El profesorado sólo organiza el tiempo de clase y además con una visión de clase explicativa. Pocas veces aparece en estos horarios tiempo de estudio, de ejercicios, etc.
- Las unidades de tiempo superiores como crédito, trimestre, mes quedan supeditados a una suma de sesiones. Probablemente será necesario concretar procesos de aprendizaje de unidades superiores a una hora.
- La utilización de la semana como único referente temporal inmediato continúa con la vieja tradición de las asignaturas separadas entre sí evitando procesos de síntesis o de globalización de los conocimientos.
- No se han incorporado al currículum fuentes de reflexión definidas por la pedagogía y la psicología, teniendo solamente en cuenta la lógica de las materias.
- El nivel de exigencia en la utilización del tiempo es mínimo. Se producen durante el día muchos momentos, entre la finalización y el inicio de las clases en los que se pierde parte de la concentración, se dejan tareas por terminar, y se crea el ambiente de «pasar la hora» Esta visión ha conllevado conflictos tan absurdos como la discusión de si las sesiones han de ser de 45 minutos o 55 minutos o una hora, como si fuera positivo dividir todas las actividades en unidades aproximadas a la hora de clase.

Antúnez (1994) ha diseñado una herramienta, la *Guía para la reflexión sobre el uso del tiempo en la planificación y desarrollo del currículum escolar* en la que propone una reflexión básica para la determinación de los horarios de los alumnos y alumnas. Se centra en los siguientes ejes:

- Uniformidad
  - Unidades temporales invariables.
  - Duración estandarizada.
  - Semana cómo único criterio de distribución.
  - Inmovilidad, rigidez y monotonía.
- Fragmentación
  - La unidad no es el resultado de la suma de las partes.
  - Inconexión entre las materias.
  - Aceptación acrítica de la normativa sobre el tiempo.
- Necesidades de los alumnos y alumnas.
  - Distribución arbitraria.

Cuadro 18. Resumen de la crítica a la distribución por horas, grupo y materias de base semanal

VENTAJAS	INCONVENIENTES
Establece una distribución estable del tiempo y es fácil de recordar por los alumnos y alumnas.	Las clases no siempre terminan con el trabajo hecho y se interrumpen procesos de aprendizaje.
Soluciona fácilmente la distribución de tiempo por materias.	No se ajusta al ritmo de trabajo del alumnado.
Utiliza la semana como unidad que es controlada por los alumnos y alumnas.	Podría ser interesante utilizar medidas temporales superiores a la semana.
Es tradicional y hay una costumbre social en su uso.	No permite la utilización del tiempo a partir de las tareas a realizar.
Puede permitir cambios entre unidades que están bien delimitadas.	No hay concepto globalizado del aprendizaje.
El horario del profesorado puede racionalizarse.	Pasan un número excesivo de profesores y profesoras por los grupos.
Ayuda a la programación de las clases pues establece unidades temporales simétricas.	No se puede programar que algunas actividades superen el tiempo tradicional de las clases.
Unifica horarios de entrada y salida y s implifica estos problemas a los padres.	No se deben supeditar los criterios pedagógicos a las costumbres sociales.
Simplifica el trabajo en equipo del profesorado ya que sólo debe tener en cuenta la distribución temporal de mínimos.	No se tiene en cuenta una concepción global del aprendizaje de los alumnos y alumnas.

  - Muchos grupos para cada docente.
  - Muchos docentes para cada estudiante.
  - Uso de variables higiénico-sanitarias.
- Contenidos y metodología
  - Situaciones diversas de aprendizaje.
  - Equilibrio de los distintos contenidos curriculares.

Este instrumento es una propuesta para que el equipo de profesores y profesoras, a través de 28 preguntas, pueda analizar el horario con el fin de proponer los cambios necesarios. Proponemos pues que los centros educativos se planteen un análisis de su utilización del tiempo a partir de los criterios expuestos y se atrevan a iniciar cambios progresivos controlados en su forma de distribuir el tiempo.

Propuestas de trabajo para la utilización del tiempo como recurso para la programación del currículum

Vamos a proponer un sistema integrado que pueda servir de pauta al centro educativo para iniciar la reflexión sobre la utilización del tiempo en el currículum.

Determinación de los objetivos y secuenciación

No es posible ningún proceso de racionalización del tiempo sino somos capaces de definir bien los objetivos y los contenidos educativos a alcanzar. El proceso de secuenciación de los contenidos educativos es un proceso de distribución temporal.

La determinación de los objetivos debe servir a los docentes y a los alumnos y alumnas para explicitar los resultados que queremos alcanzar. La elaboración de los proyectos curriculares dan el marco en el cual debemos tomar decisiones para la planificación del tiempo en el centro. Hay que tener en cuenta algunas consideraciones:

- Los objetivos y los contenidos deben estar establecidos por prioridades. La resistencia a fijar prioridades dificultará el proceso de aprendizaje. Hay que tener clara la importancia de algunos procedimientos sobre otros y de algunos contenidos sobre otros. Si no se establecen prioridades previamente, las medidas concretas en la distribución temporal que se tomen se basarán en lo que hemos definido a veces como la moda o el activismo pedagógico o simplemente la opinión personal de cada docente.
- Los objetivos que deben alcanzar los alumnos y profesores han de estar lo suficientemente definidos como para poder prever las actividades a realizar y su tiempo de duración, para realizar la previsión necesaria en la planificación del tiempo. El tipo de objetivos propuestos en este nivel deben ser verificables y didácticos.

Definir la secuencia lógica de actividades

Las actividades programadas para llevar a cabo el currículum deben estar definidas para poder establecer prioridades de manera adecuada antes de la planificación temporal.

La planificación previa nos debe ayudar a omitir actividades de bajo rendimiento y a prever obstáculos que nos aparecerán a lo largo de la ejecución de las actividades de enseñanza-aprendizaje.

Podemos aplicar el principio de Pareto a los procesos de enseñanza-aprendizaje. Pareto precisó la ley de los 80/20.[19] En efecto parece que en la mayoría de las situaciones un 20% de las actividades producen un 80% de los resultados. Hay que concentrarse en este tipo de actividades.

A partir de la experiencia de los docentes es posible determinar que algunas actividades producen un alto rendimiento en los alumnos y alumnas mientras que otras tienen un rendimiento mucho menor. Por tanto deberíamos, en función de los objetivos que nos hayamos trazado, descubrir cuáles son las actividades de alto rendimiento para los alumnos, incluso para cada uno de ellos y tener en cuenta este hecho en la elección sistemática de las actividades.

Es en este nivel que donde podemos encontrar organizaciones de centros que intentan superar la clásica parrilla de los horarios por materias y por grupos. Las experiencias realizadas en distintos centros intentan combinar distintos recursos como agrupamientos, espacios con el tiempo.

19. VARIOS AUTORES (1991): *Cómo usar el tiempo con eficacia y productividad.* Bilbao. Deusto.

- Los agrupamientos flexibles.
- El trabajo por proyectos.
- El trabajo por rincones o los talleres.
- El trabajo cooperativo.

Estos modelos organizativos a veces implican un tratamiento del tiempo modular. Es decir que se fija el tiempo en que deben hacerse unas actividades concretas. Los objetivos pueden ser globalizados o basados en áreas instrumentales.

A veces hemos visto cómo a partir de un principio modular se fijan duraciones concretas al módulo y después se busca el contenido. No se pueden hacer planteamientos que se denominan modulares volviendo a uniformar los horarios, y utilizando otra vez el tiempo como invariable.

Comprobar si disponemos de los medios para obtener los resultados previstos

Es en este momento cuando debemos considerar la planificación del tiempo

La planificación debe hacerse en todos los niveles organizativos del centro: órganos y equipos de trabajo, grupos clase, profesionales, alumnado, etc.

La planificación y distribución del tiempo

Es la previsión de su uso anticipadamente. La dedicación del profesorado y los límites que nos establezca el entorno en el cual nos situará el marco de nuestras posibilidades.

Para ello tendremos en cuenta:

- Las prioridades. Una programación de actividades al menos en tres niveles: por trimestre, por meses y por semanas.
- Unas prioridades que nos permitan renunciar a actividades de bajo rendimiento en el caso de que el tiempo planificado no se ajuste a la realidad.
- Una revisión inmediata del tiempo utilizado, para poder tomar decisiones en el proceso.
- Dejar tiempo para lo imprevisible ya que aparece continuamente en las organizaciones de la complejidad de los centros educativos.

Puesta en práctica

Los procesos de organización del currículum pierden sus capacidades cuando en la aplicación del programa existe una falta de disciplina y/o autodisciplina por parte de los profesores y profesoras hacia las programaciones. El ritmo del aprendizaje debe conseguir un rendimiento continuado y eficaz.

Es necesario tener en cuenta los siguientes puntos respecto al alumnado:

- Los alumnos y las alumnas deberían estar siempre activos. Entendemos que atender a una explicación necesita que éstos estén activos en su escucha.
- Todos los alumnos y alumnas deben tener posibilidad de seguir trabajando con ritmos diferentes. Hay que realizar una educación en la diversidad.
- En los primeros minutos de una actividad el nivel de atención es pequeña. Hay que planificar un verdadero precalentamiento en cada sesión.
- No debemos acelerar el ritmo porque prevemos que se acaba la sesión. Toda

aceleración provoca dificultades de comprensión en los estudiantes.

- Debemos prever tiempo de repaso o consolidación.
- Es interesante marcar el tiempo de cada actividad para que los alumnas y alumnas tengan conciencia de su buena utilización.

Evaluación del uso del tiempo

Hay que valorar si las previsiones se han cumplido y analizar las causas. Esta reflexión ha de servir para modificar las previsiones futuras. Es decir debemos analizar el resultado y los procesos del uso del tiempo.

Debemos realizar el proceso de valoración en cuatro tiempos:

- Descripción o información sobre la puesta en práctica de la propuesta previa.
- Valoración positiva o negativa.
- Análisis de causas.
- Propuestas de mejora.

Es conveniente que esta revisión sea realizada por el equipo docente del grupo de alumnos.

El tiempo del profesorado

El tiempo del profesorado debe abarcar el conjunto de actividades que el profesional docente debe realizar para llevar a cabo su tarea.

El tiempo del profesorado está condicionado al horario lectivo. El profesorado realiza una gran diversidad de tareas (ver cuadro de tareas del profesorado) para el desarrollo de un currículum que pretenda una formación integral, pero las que no están relacionadas directamente con el proceso de enseñanza y aprendizaje aparecen como complementarias y se dejan sin concretar, desde el punto de vista temporal.

Estas actividades que se realizan como soporte logístico a la labor de las aulas, producen confusión y estrés, desde el punto de vista temporal, en un profesorado que considera que tiene cubierto todo su tiempo. Como consecuencia se aprovecha poco este tiempo de trabajo distinto del horario lectivo. Por ejemplo en los días anteriores al inicio de curso, el profesorado no utiliza todo el tiempo de coordinación, excepto los equipos directivos. Este tiempo posteriormente hará falta durante el curso, para la planificar y organizar. Estamos ante un problema no tanto de voluntad como de organización.

El trabajo en equipo es la concreción institucional del profesorado de un currículum integrado para los alumnos. Por ello la planificación del tiempo del trabajo en equipo que tiene unas características propias se ha de concretar con la misma precisión temporal que el horario lectivo.

La utilización de instrumentos de organización como la distribución lineal de responsabilidades (Gairín y Darder, 1994), o la elaboración sistemática de planes anuales de centro teniendo en cuenta el tiempo disponible, son necesarios sobre todo en centros de gran tamaño.

La *distribución lineal de responsabilidades* debe recoger, a partir de las funciones determinadas en la normativa y concretadas en el reglamento de régimen interior, cuáles son las tareas que se asocian a cada persona. Conviene establecer si un profesor o profesora puede realizar efectivamente sus responsabilidades con los recursos temporales que la organización le ha adjudicado. La distribución de responsabilidades es un instrumento clarificador para una buena utilización del tiempo de trabajo del conjunto del profesorado ya que su referencia a la realidad lo hace especialmente preciso.

El *Plan Anual* de centro que incluye la programación general anual, debe servir para determinar cuáles son los objetivos que a corto plazo se plantea el centro. Concreta las actividades que deben llevarse a cabo para obtener los objetivos y quién tiene la responsabilidad de realizarlas. Este instrumento, si logramos que sea técnicamente correcto, ayuda a conseguir una distribución de tiempo adecuada para llevar a cabo aquellos objetivos para cada curso.

A continuación vamos a analizar cómo se utilizan los tiempos del profesorado en un centro educativo, y para seguir con cómo se pueden distribuir. Finalmente concretaremos el tiempo de cada docente con algunas orientaciones para la gestión del tiempo de su propio tiempo.

Análisis del tiempo del profesorado desde el propio centro educativo

El análisis del tiempo necesario para la realización de las tareas, debe partir del propio centro. La primera debilidad en el tratamiento del tiempo en los centros educativos se sustenta en que su distribución se basa en las decisiones que la administración educativa realiza con criterios uniformistas.[20]

El problema del tiempo está relacionado con los costes de la educación, por lo que el poder de decisión sobre este aspecto, es un elemento de control. Por tanto si además de las plantillas, la administración decide la distribución de tiempo, la autonomía de los centros es mínima. Si se decide que la dedicación de los directores de los centros escolares o jefe de estudios, coordinadores, jefes de departamento son unas horas determinadas y vienen fijadas por resoluciones normativas a principio del curso, esto determina su funcionamiento, o sea, el reglamento de régimen interior.

Los trabajos de Hall citados por Hargreaves (1992) aportan una reflexión muy interesante al distinguir entre tiempo policrónico y tiempo monocrónico. Las personas que operan en un marco monocrónico se concentran en la progresión de etapas definidas y por tanto en la terminación de las tareas y los horarios. Muestran un desconocimiento del contexto o de las necesidades del momento. En comparación con ellas las personas con tratamiento policrónico, centran su interés no tanto en completar sus tareas como en responder a menudo a las implicaciones y circunstancias del contexto. Las relaciones y no las cosas, determinan el marco temporal.

Esta breve reflexión nos presenta uno de los problemas que causan mayor perplejidad en el sistema educativo. Vemos que la administración intenta definir el tiem-

20. Ver anexo normativa sobre tiempo escolar.

po en los centros educativos de forma monocrónica al estar situada fuera en el contexto del centro. A veces, esta distribución viene también desde los propios cargos directivos de los centros que, de alguna manera, deben concretar la utilización del tiempo. Mientras tanto el profesorado en sus aulas actúa con un tratamiento policrónico, con lo cual las temporalizaciones que se fijan y los objetivos y las propuestas de trabajo en equipo desde perspectivas monocrónicas sufren fracasos espectaculares.

También el tiempo designado para las innovaciones por parte de la administración (como por ejemplo, la propia implantación de la reforma educativa) choca con el tiempo y el ritmo de los centros educativos.

Esta reflexión nos lleva a la conclusión de que los instrumentos de tratamiento del tiempo del paradigma técnico-racional, algunos de los cuales vamos a presentar en este capítulo, deben tener una concreción en cada centro y en cada entorno educativo. Estos instrumentos tiene sus limitaciones. Las generalizaciones, es decir las instrucciones de como utilizar el tiempo, no son únicamente contrarias a la autonomía de los equipos docentes, sino que tienen un efecto perverso de segmentación de la gestión del tiempo en los centros y en definitiva repercute negativamente en la organización y en los resultados de la enseñanza.

Por ello es básico que la estructuración de los reglamentos de régimen interior de los centros parta de una reflexión sobre cómo el profesorado utiliza su tiempo. Sólo a partir de esta visión sobre la realidad de cada centro, podremos racionalizar el tiempo de trabajo y prever la posibilidad, de dedicación de tiempo a las contingencias educativas, trascendentales en una concepción de educación integral de los alumnos y alumnas.

Hargreaves (1992), en una línea de reflexión muy interesante, afirma que en la enseñanza infantil y primaria esta concepción policrónica es mucho más generalizada y señala como un posible identificador la posible feminización de la profesión en Canadá, teniendo en cuenta que la antropología sugiere una mayor sensibilidad por el contexto en el pensamiento de las mujeres occidentales, pero que plantea sugerentes vías de reflexión sobre cómo se utiliza el tiempo en los distintos niveles educativos.

La determinación de instrumentos para la organización del tiempo en el profesorado deben situarse en un contexto específico. Los instrumentos por sí solos no cambiarán las cosas. Será el conjunto de la comunidad educativa que con su voluntad de mejora realizará estos cambios.

Primera reflexión sobre las tareas del profesorado en relación con el tiempo

A medida que las organizaciones se van haciendo más complejas, van configurando una distribución de tareas que intenta superar el paradigma «todos hacer todo». De hecho la especialización en unas funciones o tareas aparece como una necesidad para el aprovechamiento de los recursos. Además en los centros educativos complejos ya no es posible evitar una buena distribución de las tareas.

Considerar los centros educativos como una unidad y como un sistema y tomar decisiones de organización con visión de conjunto (Ibar, 1986). Es por ello que en las tareas del profesorado deben estar incluidas las tareas de gestión del centro educativo. Por cuestión operativa las hemos separado, ya que creemos que es interesante analizar desde una perspectiva propia la gestión de los centros con todo su componente de participativo.

Nos centraremos pues en el tiempo de los profesores y profesoras desde la perspectiva de la planificación, organización, ejecución y evaluación del currículum, es decir, de su actuación directa sobre el proceso de enseñanza-aprendizaje. La primera constatación que hemos observado es que el profesorado debe realizar operaciones muy diversas. Entre éstas hay que definir las diversas actuaciones en las aulas (Wittrock, 1990). No debemos simplificar las tareas considerando de forma unificada todas las actuaciones a realizar por el profesorado en las aulas. Posteriormente hablaremos de la diversidad de tareas en las labores vinculadas directamente con el proceso educativo. Esta distribución debe ser planificada en equipo a través del proyecto curricular de centro y deberá concretarse en las programaciones, lo que definiremos en la tercera parte de este capítulo.

Una clasificación de las tareas del profesorado podría ser (MRP, 1993):

- Labores vinculadas directamente al proceso educativo del alumnado.
- Planificación de la enseñanza y de la organización de recursos.
- Labores de coordinación y planificación curricular.
- Formación y desarrollo profesional investigación curricular y diseño, elaboración y experimentación de materiales curriculares.
- Labores en relación con el entorno escolar.
- Labores de participación y gestión.

El proceso de distribución de tiempo que hasta hoy se lleva en los centros, parte del número de horas de clase directamente sobre los alumnos. Posteriormente se distribuyen las tareas de coordinación y muy recientemente se ha empezado a planificar el currículum de forma conjunta. Se supone que el profesorado, a partir de su conocimiento profesional, va a realizar todas las demás funciones complementarias al proceso de enseñanza. En este sentido la tradición educativa y administrativa parte del supuesto de que el profesorado tiene unas horas de dedicación laboral que no debe realizar en los centros de trabajo.

Hay miles de profesores y profesoras que dedican horas de trabajo en su casa a la programación, a la corrección, pero creemos que el planteamiento es desprofesionalizante (Fernández, 1988) y en todo caso diferente a todas las demás profesiones.

Teóricamente se puede hacer una propuesta de distribución de horario que suponga un equilibrio entre las diversas funciones que se han descrito. A veces también en las negociaciones laborales y sindicales se determina un tiempo para las distintas funciones. No nos parece muy adecuado un acuerdo concreto sobre el tiempo de cada función, preferimos que se determine un tiempo global, un porcentaje sobre el tiempo lectivo y que los centros decidan su distribución. La determinación de los recursos y su distribución debe estar en función de unos objetivos concretos determinados por el propio centro. Es muy atrevido afirmar que todos los centros educativos necesitan la misma distribución de tiempo. La premisa básica parte del principio de creación interna de cada centro a partir de la diversidad de los centros (Domènech y Viñas, 1994).

Cada docente debe analizar sus tareas para poder racionalizar su distribución de tiempo. El análisis debe partir siempre de la realidad, no de lo que se debería hacer, sino de aquello que se puede hacer. Cada profesor podría concretar cómo distribuye en la realidad el tiempo de su trabajo en el cuadro que posteriormente definimos. La medida que podemos utilizar como pauta podría ser un trimestre educativo. A lo largo de un trimestre se realiza toda la diversidad de tareas. En la literatura organizacional es un período de tiempo que se considera óptimo para la fijación de objetivos (Covey, 1994).

Es razonable tener una percepción clara del tiempo real que destinamos y por ello hemos colocado en la parrilla una columna que se refiere al tiempo utilizado, fuera del centro, a la preparación de clases y la corrección o para asistir a cursos o seminarios de formación. De todas maneras cuando analizamos con un instrumento como el referido podemos tener algunas sorpresas.

A partir de cómo se utiliza el tiempo nos encontraremos inevitablemente con que:

- En primer lugar el tiempo se distribuirá entre el profesorado de forma muy uniforme. Es decir es probable que las parrillas se asemejen mucho, y a menudo parecerán copiadas. Ello es consecuencia de que la variabilidad de la forma de utilización del tiempo en el profesorado parte de una distribución temporal apriorística. Por ejemplo, se considera igual el tiempo necesario para realizar las tareas de un departamento formado por diez personas, a las cuales se debe coordinar, que las de uno formado por tres. La experiencia nos dice que esta distribución no es real.
- En segundo lugar podemos encontrar que los tiempos utilizados también están en función de las personas y de sus circunstancias. Por ejemplo, un docente nuevo debe utilizar más tiempo de preparación que uno con experiencia. Este efecto podrá tenerse en cuenta en la distribución racional del tiempo en la institución.
- Si tratamos el tiempo en el centro de forma individual se tenderá a realizar aquellas actividades que individualmente interesan, independientemente de las necesidades. Veremos profesores y profesoras que asisten a cursillos continuamente y otros que no lo hacen nunca; profesores que dedican su tiempo a la organización de actividades complementarias y otros que se centran en la informatización del centro. La racionalización del tiempo debe partir también de los intereses del profesorado, pero no debe ser el único referente a tener en cuenta.
- Deben detectarse en esta distribución fuertes desequilibrios y algunas sorpresas. Por ejemplo, veremos diferencias individuales importantes y además la suma de horas destinada a una tarea es mayor que nuestra percepción subjetiva normalmente fragmentada en horas aisladas. Contando trimestralmente quizá veamos que un docente a destinado más de cincuenta horas a coordinación, cuando la sensación subjetiva común es que en el centro hay poca. Esta reflexión nos deberá conducir al análisis del aprovechamiento del tiempo de reunión.[21]

---

21. Ver apartado específico en este mismo capítulo.

Cuadro 19. Utilización del tiempo por el profesorado

TAREAS	TIEMPO EN EL CENTRO	TIEMPO AÑADIDO HABITUAL
Labores vinculadas directamente al proceso educativo del alumnado . Docencia directa . Atención directa alumnado (tutoría) . Preparación específica del aula . Participación en actividades complementarias		
Labores de coordinación y planificación curricular . Programación curricular . Coordinación con equipos docentes . Coordinación curricular (seminarios)		
Formación y desarrollo profesional investigación curricular y diseño, elaboración y experimentación de materiales curriculares . Asistencia a cursos, seminarios etc. . Elaboración y selección materiales curriculares		
Labores en relación con el entorno escolar . Relación con las familias . Relaciones con entorno inmediato		
Labores de participación y gestión . Tareas específicas encargadas . Tareas como miembro órganos colegiados . Tareas como órganos unipersonales		

- Hay que considerar la posibilidad que el tiempo de trabajo de coordinación o de los apartados referidos a labores no vinculadas directamente al proceso de enseñanza y aprendizaje se puede sumar y realizar una nueva redistribución entre los profesores y profesoras de forma más equilibrada y útil para el conjunto del centro.
- También debemos ver si con las actividades previstas se cubre todo el tiempo. Si es así, no podremos responder con eficacia a situaciones imprevisibles que por experiencia sabemos que surgen en los centros, y tendremos dificultades para la redistribución del tiempo.
- Debemos encontrar aspectos en los cuáles el tiempo de trabajo dedicado es insuficiente a pesar de que el centro le de mucha importancia. Por ejemplo, es posible que todos consideremos imprescindible la reflexión sobre la prác-

tica educativa, pero si no le dedicamos tiempo, no deja de ser una simple buena intención.

- La personas que tienen responsabilidades de órganos unipersonales de gobierno o de coordinación ocupan todo su tiempo en ellos y no pueden realizar tareas de preparación o coordinación para la docencia.

La organización del tiempo del profesorado

A partir del análisis de la distribución de las tareas y los tiempos utilizados, los equipos de profesores y profesoras tienen ya los elementos para organizar el tiempo. Partiremos de algunos principios básicos. Resumiendo podemos dar las siguientes indicaciones (Viñas, 1994):

- Organizar *todo* el tiempo del profesorado, a partir de la práctica.
- No todos pueden hacer todo, distribución de tareas.
- Establecer prioridades de los objetivos en cada uno de los ámbitos de tareas.
- Definir las actividades. Reservarse del perfeccionismo como medida de calidad.
- Diversificar los horarios en el centro.
- Regular del tiempo dejando un espacio para imprevistos.
- Los horarios pueden cambiar a lo largo del curso. Hay que aprovechar los momentos de menos presión para facilitar los momentos de agobio.

Organizar «todo» el tiempo del profesorado

Debemos considerar todo el tiempo si deseamos realmente una planificación. Se deben incluir todas las funciones que se espera que realice el profesorado. Cuando en la planificación se olvida, por ejemplo, la relación con las familias de los alumnos y alumnas o el tiempo de formación, se favorece el voluntarismo del profesorado o que no se haga. Ambos hechos son procesos de desprofesionalización que no favorecen en absoluto la tarea docente.

Es conveniente tenerlo todo en cuenta para que realmente se opte de forma racional por una distribución del tiempo lo más útil posible para las finalidades del centro.

Debemos dejar bien sentado que cuando decimos todo el tiempo no significa que no consideremos básico que el profesorado disponga de momentos para el trabajo individual (programación, corrección, etc.) sino que al contrario, defendemos que este tiempo es necesario y por tanto debe reconocerse su necesidad.

En todo caso y aunque la esencia del trabajo del docente es la docencia directa, ésta será mucho más efectiva en la medida en que el profesor o profesora haya dispuesto del tiempo necesario para su preparación. La distribución de las tareas de programación curricular pueden llevar consigo una disminución general de horas de dedicación.

No todos pueden hacer todo, distribución de tareas

La distribución de tareas y actividades es un mecanismo de aprovechamiento de los recursos y de optimización que es usado por todas las organizaciones. Se basa en un concepto de responsabilidades, de especializaciones y de distribución de funciones.

La organización del centro educativo debe aprovechar por tanto los conocimientos específicos del profesorado y ha de distribuir eficazmente las funciones. El trabajo en equipo conlleva que haya muchas personas que trabajando solos o en grupo reducido estén trabajando para el conjunto del centro. En la medida en que este aspecto sinérgico se generalice debe tener como efecto la disposición de más tiempo ya que muchas tareas que antes se realizaban a través de reuniones, una vez fijados los criterios colectivamente, pueden ser realizadas por una sola persona.

Debemos evolucionar desde unas organizaciones educativas sin trabajo en equipo, todos hacemos todo, a unas organizaciones inteligentes donde «entre todos hacemos todo».

Establecer prioridades en los objetivos de cada uno de los ámbitos de tareas

Una propuesta condicionada por la limitación del tiempo es la necesidad de que el centro defina unos objetivos de centro claros y precisos. Si no definimos los objetivos la organización va a moverse siempre a partir de las novedades que vayan apareciendo, de la presión de intereses ajenos al centro y en última instancia deja al centro educativo indefenso ante cualquier presión exterior. El control pasa elementos externos aunque coincidan con ellos intereses particulares de algunos de los miembros de la comunidad educativa.

El establecer prioridades en los objetivos intenta que las decisiones se tomen en el marco del centro y en el marco del tiempo disponible del alumnado y del profesorado. Parte del supuesto de que el tiempo no es ilimitado y por tanto hay que destinar tiempo a aquellas actividades que puedan conseguir mejores rendimientos en función de las finalidades educativas.

Definir las actividades. Reservarse del perfeccionismo como medida de calidad

Esta claro que las actividades que se realizan en los centros educativos son el desarrollo concreto de las funciones. Por ello al definir las funciones y tareas es importante definir las actividades desde un punto de vista real. Uno de los enemigos de la organización de los centros educativos es intentar abarcar demasiados aspectos, o también el planteamiento perfeccionista, enemigo de lo bueno por definición y creador de importantes problemas organizativos. El perfeccionismo crea problemas en los centros ya que por no poder poner en práctica la solución perfecta se abandonan soluciones que mejoran el centro.

Algunos autores definen y distinguen también entre el tiempo real y tiempo útil. Antúnez y Gairín (1996) llegan a señalar que:

> *[...]así el calendario escolar oficial podría reducirse en un 20 o 25% si se descuentan las horas realizadas a celebraciones y conmemoraciones, márgenes de seguridad y tiempos muertos e imprevistos.*

Diversificar los horarios en el centro

A partir de las reflexiones de cómo se utiliza el tiempo, deberíamos consecuentemente realizar una diversificación espectacular en los horarios del profesorado. Proponemos que se rompa la relación entre el horario y el calendario de los alumnos y alumnas y los del profesorado. Si el profesorado realiza una parte del horario fuera de las aulas, la identificación entre los horarios no tiene sentido y sólo es la reminiscencia de un sistema educativo con muchos menos recursos, en los cuáles sólo existía un docente por cada grupo de alumnos y alumnas.

Regulación del tiempo dejando un espacio para imprevistos

Hay que organizar el tiempo sin planificarlo todo. Dado que hemos dicho como premisa inicial que hay que organizar todo el tiempo del profesorado, este espacio para imprevistos debe estar presente dejando tiempo para ello. Precisamente los centros educativos, debido a sus función y a la importancia de las interrelaciones, deben dejar muchos espacios por cubrir ya que los imprevistos forman parte de su cotidianidad. Este elemento debe ir unido a que los equipos docentes utilicen precisamente el tiempo dejado libre voluntariamente para ello. Como veremos más adelante y a modo de orientación podemos definir un 75% del tiempo planificado tanto para las actividades de docencia directa como para las actividades de apoyo.

Los horarios pueden cambiar a lo largo del curso. Hay que aprovechar los momentos de menos presión para facilitar los momentos de agobio

Podemos planificar, a partir de la experiencia repetida de ciclos anuales, momentos en los que algunas personas con funciones específicas deberán incrementar su dedicación. Es por esto que la distribución de los horarios de trabajo del profesorado con una estructura semanal repetida favorece la rigidez y no obedece a la dinámica del centro. En algunos momentos debemos hacer grandes esfuerzos para poder cubrir necesidades que aparecen inesperadamente, junto con otros tiempos donde una suave placidez invade el centro educativo. Creemos que hay que equilibrar los tiempos del profesorado a lo largo del curso con una planificación. El tiempo visto desde una perspectiva diacrónica ayuda a su planificación. Hay que aprovechar, por ejemplo, los momentos de menos agobio, los momentos en que no hay alumnado en el centro, para realizar reuniones de programación y planificación.

La gestión del propio tiempo y de las clases. Algunas ideas de utilidad para el profesorado

La literatura sobre organizaciones insiste en dos aspectos fundamentales: la importancia de la gestión del propio tiempo de cada uno y la importancia de que las organizaciones estén orientadas hacia el aprendizaje (Senge, 1996).

Cada docente es una persona que debe gestionar el tiempo de sus actividades y su profesionalidad le debe llevar a hacerlo lo mejor posible. Es por eso que, relacionado con la distribución del currículum, se ha comprobado que los mejores profesores tienen en cuenta que los recursos temporales que se tienen son limitados y que por tanto se debe utilizar el tiempo con aprovechamiento, con dirección, para poder enfocar los objetivos esenciales, y para poder optimar su rendimiento. Señalemos algunos elementos favorables a la gestión del tiempo de cada docente:

- Pensamiento proactivo.
- Lista de actividades inmediatas y lista asignar prioridades.
- Tareas desagradables: primero lo peor.
- Cambiar hábitos: ejemplo sobre el perfeccionismo.

- Dividir los grandes objetivos .
- Mantener lo que nos propongamos, mantener el compromiso con los objetivos.
- Preparar tiempo para las tareas pequeñas.
- Evitar las interrupciones.
- Trabajar a partir de programaciones, por programas.
- Control del tiempo: delegar, desistir y demorar.
- Celebrar clases o tutorías con un ritmo adecuado.
- Dominar el entorno de trabajo.
- Dejar tiempos para el descanso.

Pensamiento proactivo

Los problemas con la distribución del tiempo vienen condicionados por una mentalidad de resignación (Covey, 1994). A lo largo de varios cursos, el profesorado de los centros ve con desesperación que no tiene tiempo para enseñar los programas, que los alumnos necesitarían mayor tiempo para aprender lo que deberían, que los objetivos establecidos en el plan anual de centro no se consiguen y que al finalizar el curso cada año nos quedan muchas cosas pendientes. Pues bien el pensamiento reactivo se resigna y considera que los problemas son insolubles. El pensamiento proactivo intenta solucionar estos problemas o por lo menos sólo reducirlos

La característica fundamental del pensamiento proactivo se basa en que se actúa sobre aquellas cosas que se pueden dominar, es decir en el círculo de influencia y se toman como condicionantes aquellas cosas que están en el círculo de preocupación pero sobre las cuáles no tenemos posibilidad de actuación inmediata en el centro. Se elimina del lenguaje las excusas y la impotencia.

Hay que tener en cuenta que el lenguaje proactivo, el pensamiento positivo, no parte del supuesto de que no existen problemas difíciles o de que no tienen una solución perfecta sino que considera que enfocar la atención hacía la solución de los problemas da mayores resultados que su mera descripción. En resumen a ser proactivo se aprende.

Lista de actividades inmediatas y lista asignar prioridades

Si no nos fijamos prioridades podemos perdernos en actividades insulsas y sin interés, en actividades rutinarias. Este aspecto forma parte de lo que se ha denominado ordinariamente actividades cronofágicas (Gammonet, 1990), es decir que consumen tiempo sin aprovechamiento suficiente. Cualquier persona que deba gestionar un tiempo de calidad, donde las decisiones a tomar influyan sobre el resultado de la educación debe tener en cuenta las prioridades de los objetivos fijadas previamente.

El modelo que exponemos a continuación es utilizado por personas que desarrollan una diversidad de actividades. Dado que hemos definido anteriormente que el profesorado realiza una gran diversidad de funciones también le puede ser útil. O controlamos las actividades a realizar a corto plazo en una distribución semanal o quincenal, o fácilmente llegaremos a la situación de falta de tiempo. El tratamiento del tiempo se puede configurar según el siguiente diagrama:

GRUPO	ACTIVIDADES	URGENCIA	PRIORIDAD	FECHA LÍMITE

Mantener lo que nos propongamos. Mantener el compromiso con los objetivos

En lo referente al trabajo en equipo del profesorado se detecta un cambio constante de las prioridades y de las planificaciones. Hay que dar a las decisiones una continuidad para poder aprovechar al máximo las tareas emprendidas. Hay que definir los objetivos comunes, fijar las responsabilidades y la temporización y disciplinarse en torno a este proyecto colectivo que es la educación en cada centro escolar.

Dado que, a menudo, hemos comprobado la facilidad con que se cambian las planificaciones, como el trabajo propuesto por el centro pasa a un segundo plano ante propuestas externas, por ejemplo, de la inspección educativa o de la administración, es importante plantearse esta estabilidad en los compromisos y establecer mecanismos racionales de cambio respetando nuestras propias decisiones.

Además en cada clase, cada docente debe mantener las prioridades ya que su responsabilidad es que los alumnos y alumnas utilicen el tiempo de la mejor manera posible. Se ha concluido en el movimiento de las escuelas eficaces que estas son las que utilizan mejor el tiempo real de aprendizaje (López, 1994).

Cambiar hábitos: ejemplo sobre el perfeccionismo

El uso del tiempo por parte de los profesores y profesoras está sometido al igual que todas las actividades humanas a un proceso de habituación. Afortunadamente los hábitos son fruto del aprendizaje y por tanto pueden variar. En este sentido debemos ser conscientes de que los hábitos adquiridos personalmente en nuestras clases así como los hábitos del trabajo en equipo pueden cambiar.

El cambio de hábitos es un proceso de mejora constante que puede ser aplicable a la utilización del tiempo. Implica un proceso complejo que se puede resumir en los procesos de solución de problemas:

- Determinar y concretar cual es el hábito que hay que cambiar.
- Definir bien los objetivos y concretar los resultados.
- Definir cuáles son los beneficios que el cambio debe aportarnos para definir las expectativas y mantener la motivación.

- Tener en cuenta el apoyo de los demás miembros del equipo analizar los resultados.

Dividir los grandes objetivos en pequeñas etapas

Con mucha frecuencia el problema del tiempo en el profesorado en los centros escolares está relacionado con la dificultad de dividir los grandes objetivos en pequeñas etapas. El equipo docente debe plantearse objetivos asumibles y concretos, ya que ello no solamente sirve como una expectativa que motiva sino que además puede introducir en un largo proceso elementos de seguimiento y de control.

Los repetidos problemas de falta de tiempo para dar contenidos básicos para la enseñanza deberían mejorar si en el proceso de concreción de la programación se pudieran concretar objetivos limitados en plazos asumibles.

Dejar tiempo para las tareas pequeñas

Hay que dar tiempo para que los alumnos y las alumnas se sienten, se callen, se pongan en situación de aprendizaje. Las actividades tienen, en todos los casos, momentos de preparación que conviene tener en cuenta para favorecer el trabajo posterior. Cuando nos referimos a tareas pequeñas hablamos de aquellas actividades que completan las diversas actividades de la clase. Ordenar, recoger, anotar observaciones, corregir, reflexionar previamente para poder centrar rápidamente el trabajo en la clase. El profesorado debe destinar y programar tiempo para estas tareas.

Evitar las interrupciones

En el movimiento de escuelas eficaces destaca entre otras características, la importancia de evitar las interrupciones (Davis y Thomas, 1992). Las interrupciones, son desde el punto de vista de la utilización del tiempo, elementos muy negativos. No en vano la interrupción crea dificultades muy importantes en el proceso de las comunicación. En éste hay un primer momento fáctico en que el mensaje fundamental es centrar la atención; un segundo momento de comunicación y un momento clave de resumen. La interrupción rompe estos esquemas e interviene de forma negativa justamente en aquello que no se puede suplir, el resumen. También desde el punto de vista de la didáctica se ha demostrado esencial resumir y acabar una sesión de aprendizaje sin agobios y sin prisas. En el fondo se habla de una utilización y distribución del tiempo en las aulas de forma correcta.

Control del tiempo: delegar, desistir y demorar

Se debe partir de la reflexión sobre la relación con el tiempo por parte del conjunto del profesorado. Dado que el docente debe controlar el tiempo de la enseñanza que necesita en función de unos objetivos mínimos, es importante en todo momento que a menudo haga replanteamientos cuando compruebe que no va a poder llegar a su finalidad. En este sentido las tres habilidades de delegar, desistir o demorar son las herramientas que se pueden usar cuando haya algunas incidencias que desestabilicen las programaciones.

Como no podemos hacerlo todo, debemos escoger que cosas podemos delegar, demorar o desistir. No realizar alguna de estas tareas conlleva una acumulación de trabajos, falta de decisión y por tanto dudas y desgaste de los equipos docentes. El control del tiempo significa saber que dando prioridad a aquello que es más importante deben sacrificarse o demorarse otras cuestiones. Delegar, demorar o desistir son tres instrumentos que el profesorado debe aplicar, siempre a partir de una programación previa que es imprescindible para tener la garantía de que la parte del currículum más importante se va a realizar.

Trabajar a partir de programaciones, por programas

Los programas son instrumentos de planificación y organización que se utilizan en todo tipo de tareas complejas. Implican diversas actividades y recursos diversos que deben distribuirse en el tiempo. La programación no es un invento del mundo educativo, aunque a veces lo parece. En el profesorado no tienen precisamente buena prensa, son condenadas por inútiles, por ser trabajo burocrático, por ser elementos de control de la inspección. En muchos casos, como no se está manifiestamente en contra, no se encuentra el momento para hacerlas.

Las programaciones han de ser instrumentos que deben ayudar a los profesores y las profesoras. Deben ser instrumentos fáciles de hacer y sobre todo útiles. Deben ser factibles ya que a veces en propuestas pedagógicas o administrativas se necesita más tiempo para realizar la programación que tiempo efectivo de clase. Tampoco tiene lógica que adoptemos un material curricular acríticamente sin analizar si los ejercicios que proponen serán adecuados para nuestros alumnos y alumnas. Hay que programar en resumen con criterios de utilidad, factibilidad, y coherencia.

Impartir clases o tutorías con un ritmo temporal adecuado

La autodisciplina en cuanto al tiempo, forma parte del perfil del buen profesorado. Lejos de cualquier ritmo crispado o adormecedor, el docente debe mantener el *tempo* de la clase en todo momento y debe intentar cumplir con las previsiones que ha realizado en sus programaciones. A menudo muchos profesores nos dicen que las programaciones no pueden ni deben ser tan detalladas y que el cumplimiento del tiempo de las actividades depende por ejemplo de elementos como la participación del alumnado, del día y la hora de clase, etc. es decir de contingencias que escapan al profesorado. Aunque esto es cierto, sólo se debe aceptar en parte. Es lógico que la primera programación de un profesor o profesora novel tenga muchos defectos respecto al tiempo pero en otro experimentado debería ser mucho más ajustado.

Las escuelas de calidad son aquellas que, entre otras características, mantienen un ritmo de trabajo concentrado y estable. Esta debe ser la finalidad de crear un buen ritmo. El ritmo adecuado es contrario a los ritmos agobiantes para el alumnado. Muy al contrario parece que la psicología del aprendizaje sólo considera interesante el mantenimiento de una mínima presión y señala que una angustia en el trabajo provocará resultados negativos. Por ello cuando vemos a veces centros escolares que predican una disciplina horaria excesiva o que someten al alumnado a una cantidad ingente de deberes en casa, estamos convencidos de que su actuación que no es demasiado útil para favorecer una actitud positiva hacía el estudio en el alumnado. Como en tantas cosas de la vida, en la educación la solución esta en el equilibrio.

Dominar el entorno de trabajo: materiales a utilizar, recursos didácticos, relación con el alumnado

Para utilizar el tiempo con criterio y eficacia hay que dominar el entorno de trabajo. Una de las funciones del profesorado es la de dirigir la clase, dirigir el trabajo de los alumnos y alumnas, si no se domina el entorno del trabajo creará contradicción en el alumnado. Es por ello que los equipos docentes deben reforzar al máximo el hecho de que el entorno a utilizar sea lo más eficaz posible. Veamos algunos ejemplos: la bombilla del retroproyector está fundida, no hay tizas, ha desaparecido el borrador, se hace la fotocopia en el mismo momento que debe comenzar la clase y llegamos tarde, con lo cual el gallinero esta revuelto, se pasa un texto a los alumnos del que no entienden ni jota...

Estos aspectos no son en absoluto extraños en nuestros centros. Y aunque tampoco debemos juzgarnos con demasiada crueldad por fallos de este tipo, no se debe tirar la toalla. La repetición de estos hechos provocan muchas de las pérdidas de tiempo que después nos faltará para desarrollar otras actividades con los alumnos y alumnas.

Cuadro 21. Las tareas del profesorado (MRP, 1992)

Labores vinculadas directamente al proceso educativo del alumnado
- Planificación de la enseñanza y de la organización de recursos.
- Atención directa al alumnado (docencia).
- Atención al alumnado fuera del aula (atención personalizada, seminarios., talleres, etc.).
- Evaluación de la educación y del aprendizaje.
- Otras labores pedagógicas no específicas del área o especialidad curricular: tutoría, orientación, dinamización cultural, recreo, etc.

Labores de formación y desarrollo profesional
- Coordinación del trabajo en el propio centro: de área, de ciclo, de nivel, de centro..
- Coordinación y formación fuera del centro: seminarios intercentros, grupos de renovación, actualización docente, actualización científico-cultural, intercambio de experiencias, etc.

Labores en relación con el entorno escolar
- Atención al entorno familiar del alumnado.
- Conocimiento del entorno sociocultural de la escuela.

Investigación curricular
- Diseño, elaboración y experimentación de materiales curriculares.
- Experimentación de innovaciones.
- Evaluación como análisis crítico del proceso educativo.
- Elaboración y comunicación de estudios, experiencias y propuestas de acción en los distintos niveles de concreción curricular.

Labores de participación y gestión
- Coordinación de funciones y de labores organizativas del centro.
- Participación en los órganos colegiados.
- Relación con la administración educativa.

Dejar tiempos para el descanso

Ya hemos hablado anteriormente de la importancia que tiene el tiempo no planificado. Este tiempo denominado incorrectamente tiempo libre, es imprescindible para el equilibrio del profesorado y del propio equipo docente.

Los centros mejor organizados defienden llenar todo el tiempo del profesorado. Nos parecería bien si dejaran tiempo para que el profesor reflexionara, hablara y compartiera problemas con los demás profesores, fuera de los ámbitos formales. Este tiempo tiene una utilidad fundamental para dar mayor coherencia a los equipos docentes, es decir para mejorar el centro educativo y directamente para mejorar la calidad de educación.

Es por ello que junto con los demás temas tratados nos parece importante que en los horarios de los profesores y profesoras aparezca tiempo para que se pueda desarrollar la comunicación informal.

Tiempo para la organización, tiempo para la gestión

¿Por qué tiempo para la organización y la gestión del centro educativo?

Covey (1996) nos acerca a un cuento tradicional para convencernos de la importancia del tiempo en las organizaciones. Utiliza la historia de la gallina de los huevos de oro. Un campesino ve con sorpresa que un día una de sus gallinas pone un huevo de oro. Va al mercado y lo vende. Al día siguiente por segunda vez la gallina pone otro huevo de oro, con el regocijo del labrador que con su venta recoge nuevos beneficios. La historia se repite varias veces hasta que el campesino piensa que si mata la gallina podrá extraer de su interior todos los huevos de oro y podrá hacerse rico inmediatamente. El final de la historia es conocida, el campesino se queda sin gallina y sin su huevo de oro diario.

Hay que cuidar la gallina, la organización, si queremos obtener buenos resultados. La escuela o el instituto en el cual se desarrolla el proceso de aprendizaje y enseñanza, tiene su dinámica propia como sistema y necesita sus propios recursos organizativos. Las clases en las que se desarrolla directamente la enseñanza, son un subsistema de este sistema mayor. El funcionamiento concreto de cada clase puede verse perjudicado o beneficiado según cómo sea la organización.

La complejidad de un centro educativo con cientos de alumnos, decenas de profesores, centenares de padres y un complejo currículum que se debe desarrollar, hace imprescindible cuidar la organización. Cuidar la organización significa, en principio, destinar recursos temporales a la organización y gestión del centro.

La gestión del centro se basa en su tratamiento como unidad y en su importancia institucional. El centro educativo es el punto de referencia organizativo. Se supera por tanto la noción de centro como conjunto de aulas con una gestión destinada a facilitar su infraestructura. El desarrollo de un currículum, la concepción de que los centros tienen su proyecto educativo y su proyecto curri-

Cuadro 21. Planteamientos institucionales del centro educativo

A LARGO PLAZO

- Proyecto educativo de centro
- Proyecto curricular de centro

A MEDIO PLAZO

- Reglamento de régimen interior

A LARGO PLAZO

- Programación anual de centro
- Programaciones
- Presupuesto
- Memoria

cular, impone una coordinación y una dirección con mayores recursos temporales y técnicos acorde con los objetivos institucionales que se proponen. Estamos ante un trabajo colectivo que en la parte curricular debe desarrollarse a través de los equipos docentes y, en los planteamientos institucionales de centro, a través de los órganos de participación de toda la comunidad educativa (Darder y Gairín, 1994).

Hay que asegurar pues que los centros adquieran coherencia y eficacia a través de sus planteamientos institucionales. Estos planteamientos no surgen por generación espontánea, sino que son el fruto y el trabajo de la coordinación de numerosas personas con funciones distintas, por lo que es necesario destinarles tiempo. Vamos a analizar cuáles son las necesidades de tiempo en la organización educativa así como algunos de sus problemas más generales. Partiremos de la concepción de corresponsabilidad educativa que la LODE, la LOGSE y la LOPEGCD determinan.

El tiempo en las tareas básicas de la organización y gestión de los centros educativos

Desde Fayol (Kliksberg, 1975) y adaptado por autores procedentes del estudio de la organización educativa (Darder y Gairín, 1994) se han determinado las tareas básicas de estas organizaciones.

La planificación

Hacer un plan, realizar un proyecto significa sobre todo definir sus objetivos. Vamos a referir la planificación a los planteamientos institucionales de centro a medio y largo plazo. El plan anual de centro también es un tiempo de planificación aunque a efectos prácticos preferimos situarlo en la programación. En la planificación trabajamos sobre el proyecto educativo de centro y el proyecto curricular.

La organización

En esta fase definiremos las estructuras necesarias para llevar a cabo las tareas, a partir de las normas legales y de los recursos disponibles. Nos referiremos al reglamento de régimen interior como instrumento fundamental de la organización. Su temporalización se concreta a medio plazo, ya que los recursos no tienen siempre la estabilidad suficiente y además conviene aplicar cambios en la organización a partir del análisis de su funcionamiento.

La programación

Es una continuación de la planificación en la medida que se trata de la determinación de los objetivos operacionales, actividades, recursos, y responsabilidades. Nos referimos a planteamientos institucionales a corto plazo de carácter anual. Estas tres fases aportan el soporte lógico a la práctica y aseguran que los centros actúen a partir de los acuerdos institucionales fijados por el conjunto de la comunidad educativa. Son planificados, elaborados y aprobados en los órganos de participación del centro.

La realización

Definida por:

- La dirección del proceso.
- La coordinación del proceso.
- Las actuaciones.

Todo el proceso lógico de las fases anteriores, de planificación y organización, tiene sentido con su puesta en práctica. Es un momento organizativo tan importante como los anteriores. Hay que reservar tiempo para la dirección y coordinación de los procesos ya que podemos descubrir que la práctica nos puede llevar a criterios muy alejados de los definidos por los órganos de gobierno de los centros. Es una actuación a corto plazo y marcada por el quehacer cotidiano.

El control del seguimiento de los procesos y la evaluación

Dado que los programas llevados a cabo en los centros educativos necesitan de unos criterios para determinar su bondad, hay que proporcionar tiempo a este proceso de control interno que conlleva la evaluación (Stuffelbeam y Shinkield, 1987). Estos procesos de regulación y evaluación se concretarán en la memoria (Rul, 1995). Aunque la memoria tiene un planteamiento a corto plazo, de tipo anual, puede recoger también reflexiones a medio o largo plazo. Por ejemplo, la preocupación de un centro por la falta de motivación general del alumnado.

La memoria (la evaluación del centro) debe plantearse con el tiempo suficiente para poder recoger datos que sean significativos para una buena valoración del funcionamiento del centro, analizando las causas de las disfunciones observadas con el objetivo de proponer mejoras en el centro.

Como vemos, el equipo directivo no elabora la memoria con descripciones apresuradas y de nula utilidad para el centro. Para superar esta concepción burocrática de la memoria, hay que dedicar tiempo a su elaboración

Problemas derivados de la falta de tiempo para la gestión de los centros educativos

El proceso lógico de organización en los centros educativos regulado por las leyes y definido técnicamente por los instrumentos de planificación tiene en la práctica diversos problemas en referencia al factor tiempo.

En la organización educativa si se dejan sin determinar los procesos de decisión básicos y como consecuencia no se les destina tiempo, los planteamientos institucionales se realizan como tareas complementarias. A pesar de que, en la fase de planificación, la determinación de los objetivos es lo que confiere a las organizaciones una coherencia y dirección en sus planeamientos, puede llegar a considerarse como una tarea burocrática e impuesta por la administración educativa. Por esta razón a veces se habla sobre la poca utilidad de los proyectos educativos o de la complicación innecesaria que supone la elaboración del proyecto curricular de centro. A partir de ahí, el tiempo aparece en estas tareas:

Cómo tiempo complementario

Son reuniones aisladas del funcionamiento ordinario del centro, en las que nos dedicamos a hablar de cómo deberían ser nuestros centros, sin partir de la realidad. El escepticismo sobre los planteamientos expresados en estos documentos se instala en la comunidad educativa con lo cual el tiempo que se le dedica no parece útil.

Como tiempo en intervalos temporales, con interrupciones que dificultan la tarea

Al basarse en un tiempo complementario, las comisiones que deben elaborar estos proyectos se reúnen periódicamente y a menudo deben ceder a otras tareas más urgentes parte de su tiempo, alargando más los procesos. Entonces, la elaboración de estos proyectos se alarga hasta el aburrimiento. Esto se agrava cuando algunas de las decisiones que se toman no se ponen en práctica inmediatamente.

Como tiempo de poca intensidad

El tiempo no es lineal. No todo el tiempo es igual desde un punto de vista subjetivo y del ritmo de las organizaciones. Según los temas tratados, estamos activos y discutiendo con intensidad ya que vemos que afectarán nuestra realidad cotidiana, mientras que en otros momentos nos limitamos a «pasar el tiempo». El tiempo destinado a la planificación de proyectos a medio y largo plazo es a veces de poca intensidad. Aunque hay causas que no se refieren solamente a la dinámica interna de cada organización sino al sistema educativo en general, es necesario que se actúe sobre ello, desde la gestión del centro.

Configuración temporal anual de los centros

La dinámica habitual del sistema educativo ha sido la consideración del tiempo organizativo del centro, curso a curso. El plazo temporal condiciona la forma de abordar tareas de planificación. En centros donde existe más estabilidad del profesorado es posible dar mayor continuidad a estas decisiones pero conviene en cualquier caso tener perspectivas que superen el estricto marco anual.

Propuestas respecto al tiempo destinado a la planificación

Determinar el tiempo y las reuniones destinadas a la planificación y distribuirlos lógicamente en el curso escolar

- Revisar la programación antes de iniciar el curso y antes de cada trimestre.
- Realizar la memoria desde el mes de mayo pero recogiendo información al final de cada mes o mes y medio.
- Determinar objetivos precisos de los planteamientos de centro y ejecutarlos en un intervalo temporal limitado.
- Relacionar los documentos de planificación con la realidad del centro y aplicarlos en la práctica.
- Hacer planificaciones a medio plazo que superen el curso escolar

Evitar que los reglamentos de régimen interior se definan con independencia de los recursos disponibles

La estructura de los centros tiene muchos órganos con pocos recursos de gestión lo que provoca la burocratización. Se crean equipos y estructuras horizontales o verticales sin plantearse los recursos temporales que necesitan. La publicación de los reglamentos orgánicos de los centros públicos, son un ejemplo de este peligro ya que se han definido los órganos prescriptivos sin precisar los recursos humanos y funcionales que necesitan. Veamos este problema con un ejemplo. Se determina que los departamentos, en los centros de secundaria, tienen como tarea la definición del proyecto curricular de cada área. Es una decisión lógica a partir de que las leyes orgánicas dan a los centros la posibilidad de autonomía pedagógica. Dado que no se determina el tiempo que comporta esta tarea es posible que en la práctica sea muy difícil que realicen esta responsabilidad (del Carmen y Zabala, 1991). Lo más probable es que los centros con obligaciones pero sin recursos, adopten materiales curriculares de editoriales y los conviertan en sus proyectos curriculares. Respecto a la función organizativa proponemos:

- Determinar el tiempo mínimo para el funcionamiento de los órganos de gobierno y de coordinación del centro a partir del tiempo disponible.
- Dar prioridad al funcionamiento de unos órganos sobre otros en función de las necesidades generales del centro.
- Evitar la creación de nuevas estructuras sin haber redistribuido los recursos temporales.
- Optimar el tiempo de cada órgano concretando los objetivos y liberar el tiempo si se han cumplido para otras tareas.

Determinar bien los niveles de participación

En el tiempo del profesorado hemos indicado que lo importante no es hacerlo *todos todo* sino *entre todos, todo.* Deben definirse con precisión los mecanismos de participación y no evitar las mismas discusiones en órganos de distintos niveles. Esto supondrá en los centros un cambio fundamental en la concepción participativa. La aportación es interesante en la medida que sea sobre los temas importantes, la determinación de los criterios generales y el control de cómo se ejecutan según los acuerdos de los órganos de gobierno. No es útil, y supone una gran cantidad de tiempo infrautilizado, utilizar órganos participativos para la información o para discutir temas de gestión cotidiana que pertenecen a responsabilidades personales, que deberán presentar resultados de su gestión concreta. Algunas de las críticas que se han vertido respecto a la participación en el sistema educativo, no se derivan del propio concepto sino de la falta de recursos técnicos básicos que la hagan posible (Domènech, 1994).

Respecto a la participación proponemos:

- Revisar el orden del día de los órganos colectivos y centrar el trabajo en la determinación de los criterios generales y su posterior control.
- Que las personas con responsabilidades presenten los resultados y los problemas de su actividad.
- Que se apliquen técnicas de dinámica de grupos a los órganos de participación para mejorar su funcionamiento y rendimiento.

Solucionar la falta de dedicación temporal a la tarea de dirección en las ejecuciones de los acuerdos del centro

En efecto vemos que la tarea de las personas con responsabilidades de gestión queda limitada por la dedicación de la solución de contingencias de cotidianidad. Los miembros del equipo directivo no pueden dedicar tiempo a hacer un seguimiento del cumplimiento de los acuerdos básicos que se han tomado en el consejo escolar o en el claustro. El equipo directivo y las personas que formen parte de los equipos de coordinación deben reservar tiempo para el trabajo de elaboración de programas y su seguimiento. El resultado debería ser la liberación de tiempo de los demás profesores. La organización en el centro educativo definirá cuáles serán las tareas asociadas a cada una de las funciones adjudicarles el tiempo necesario y delegar órganos entre diferentes componentes de la comunidad educativa. Sin esta distribución se provocan concentraciones innecesarias de tareas en profesores y profesoras que no disponen de tiempo para hacerlas. Finalmente estas tareas de ejecución, que en muchos casos son esenciales para el buen funcionamiento de la organización, se realizan de forma incorrecta. En este apartado concretaremos las siguientes propuestas:

- Que las personas con responsabilidades de gestión reserven tiempo para la elaboración y el seguimiento de programas.
- Determinar el tiempo que se destina a cada tarea y enmarcarlo en un ciclo anual, para prever momentos en los que será necesario contar con el apoyo de otras personas. Establecer prioridades sobre las funciones a realizar.
- Delegar y repartir responsabilidades en función del tiempo.

Evaluar el funcionamiento del centro para orientar correctamente la mejora del propio centro

Finalmente debemos destacar que el control y la evaluación de un centro necesita una dedicación en la elaboración de instrumentos, en su aplicación y para poder sacar conclusiones orientadas a la mejora del centro. Sin tiempo previsto para éstas, quedan como tareas pendientes y se repiten año tras año los mismos errores. Este defecto tiene como consecuencia que el profesorado y los alumnos del centro pierdan tiempo a medio plazo. Proponemos dedicar tiempo a:

- Recoger informaciones y datos para su posterior valoración.
- Hacer una valoración desde el punto de vista objetivo y subjetivo procurando la participación colectiva de todos los estamentos del centro.
- Analizar las causas de los hechos positivos y negativos del centro.
- Concretar medidas de mejora del centro. Es el objetivo básico de la evaluación.

Las reflexiones anteriores y las propuestas nos debe llevar a un replanteamiento del tiempo del profesorado destinado a la gestión, complementario al resto de tiempo del profesorado.

Técnicas para la mejora del tiempo de gestión en los centros educativos

Vamos a exponer algunas propuestas técnicas para la mejora del tiempo del trabajo en equipo. Algunas de las normas referidas en el capítulo anterior respecto al tiempo de los profesores y profesoras pueden ser utilizadas desde el punto de vista personal, en responsabilidades de gestión en el centro. Recordemos algunas que pueden ser aplicables:

- Pensamiento proactivo.
- Lista de actividades inmediatas y lista asignar prioridades.
- Tareas desagradables: primero lo peor.
- Cambiar hábitos: ejemplo sobre el perfeccionismo.
- Dividir los grandes objetivos.
- Mantener lo que nos propongamos, mantener el compromiso con los objetivos.
- Preparar tiempo para las tareas pequeñas.
- Evitar las interrupciones.
- Trabajar a partir de programaciones, por programas.
- Controlar el tiempo: delegar, desistir y demorar.
- Celebrar reuniones con un ritmo adecuado.
- Dominar el entorno de trabajo.
- Dejar tiempos para el descanso.

En este apartado vamos a desarrollar algunos de los aspectos que pueden ser de mayor utilidad en el contexto de la gestión del centro:

- El tiempo de las reuniones.
- El entorno de trabajo.
- Los instrumentos de planificación .

El tiempo de las reuniones

El mundo educativo pertenece a una tradición organizativa basada en las reuniones. Las reuniones son el espacio privilegiado para concretar la coherencia del trabajo de los docentes, para coordinar criterios, definir objetivos, discutir métodos, hacer valoraciones, etc., es decir, son instrumento básico para la organización de los centros.

Cuadro 22. Reglas básicas para el uso correcto del tiempo en las reuniones de los centros educativos (Miller, 1996):

- Analizar para qué vamos a celebrar una reunión.
- Preparar la reunión.
- Preparar los materiales auxiliares.
- Definir el moderador o coordinador de la reunión, con funciones de presentación, control, relajamiento y resumen.
- Fomentar la participación de los miembros de los equipos.
- Resumir por escrito los resultados de la reunión.
- Hacer el seguimiento de la aplicación de los acuerdos de la reunión.

Los centros educativos las han potenciado y multiplicado en la medida en que las necesidades del centro y del desarrollo de los currículum las han hecho imprescindibles. La generalización de las reuniones se ha realizado sin una mejora en su funcionamiento y rendimiento. Parece que la cuestión básica de una reunión esté precisamente en el hecho de reunirse, sin preocuparse lo suficiente de su dinámica. Partiendo de que el tiempo es un recurso escaso debemos mejorar su utilización en las reuniones.

El aprovechamiento de las reuniones no es un problema exclusivo del mundo educativo sino también del mundo empresarial. Es por ello que se ha luchado contra la «reunionitis», es decir, la tendencia a reunirse cuando aparece la primera dificultad sin considerar si dicha reunión será efectiva o no.

Hay que tener en cuenta que la eficacia de las reuniones también depende de que pueda realizarse la comunicación informal, lo que hay que tener en cuenta para que los cambios que se planteen no anulen esta necesidad en el conjunto de las necesidades de comunicación en el centro.

Mejoraremos la eficacia de nuestras reuniones con lentitud, paso a paso. Con este objetivo nos parece interesante plantear algunas reglas para la organización de las reuniones.

Analizar para qué celebramos una reunión

La forma más eficaz para ahorrar tiempo en las reuniones parte del principio de que sólo deben realizarse cuando sea necesario. Este primer principio puede entrar en conflicto con la formulación ordinaria de las estructuras de los centros educativos que orienta su estructura a reuniones cíclicas y de base semanal. Es decir se determinan los equipos y se les adjudica una reunión semanal, independientemente de los objetivos que como equipo se planteen durante el curso. Como ejemplo podemos ver los horarios de centro (véase cuadro 23).

La pregunta que hay que hacerse es si hay temas concretos a discutir. La reserva del tiempo ante la posible necesidad de la reunión no debe significar siempre que la reunión deba realizarse. Si no hay temas concretos a trabajar no debe celebrarse.

Por otro lado es posible que aunque la reunión sea necesaria no esté prepara-

Cuadro 23

CENTRO DE PRIMARIA					
	LUNES	MARTES	MIÉRCOLES	JUEVES	VIERNES
de 12 a 1	Ciclo	Nivel	Entrevistas	Comisión	Comisión PCC
CENTRO DE SECUNDARIA OBLIGATORIA					
	LUNES	MARTES	MIÉRCOLES	JUEVES	VIERNES
		Equipo Ciclo		Departamento	
			Claustro		Tutoría

da todavía. Imaginemos por ejemplo que la realización de una reunión de trabajo de un departamento de secundaria significara una preparación previa de material específico. Si éste no se ha podido preparar porque las personas encargadas no han terminado el trabajo, ¿debe realizarse la reunión, con la pérdida de tiempo que significa no tener el material? ¿debe realizarse porque está programada? La respuesta lógica es plantear un aplazamiento.

Nos parece que la organización debe actuar en el sentido de lo que Antúnez (1994) recoge como la «adhocracia», es decir sólo reunir o crear estructuras para hacer algo preciso y concreto. La cultura de los centros educativos o incluso las disposiciones normativas dificultan la transformación de las estructuras, en organización *adhoc*, pero podemos introducir alguno de sus principios de gestión para limitar las reuniones a las estrictamente necesarias.

Otra pregunta inicial se basa en constatar si una reunión puede substituirse por otros recursos. Por ejemplo, si el contenido de una reunión o de un claustro es informativo puede substituirse por un escrito, alternativa muy interesante desde el punto de vista del aprovechamiento del tiempo del conjunto del profesorado.

Proponemos en la planificación de las reuniones de los distintos equipos de los docentes, primero definir el conjunto de temas que se repiten curso a curso. Se distribuyen a lo largo de las reuniones previstas. Si es posible dejar algunas reuniones sin contenido específico para que se puedan utilizar si son necesarias y como un éxito del aprovechamiento del tiempo no convocar algunas de las fijadas previamente. La determinación del ciclo de reuniones nos debe ayudar en la previsión de los temas para no tener que resolver los temas de forma urgente y precipitada.

Por tanto deberemos concretar: cuáles serán los objetivos de la reunión y quiénes deberán asistir.

Cómo preparar la reunión

El uso del tiempo de una reunión, la eficacia en su desarrollo depende de su preparación. Hay que preparar las siguientes cuestiones:

- Determinar el orden del día de la reunión.
- Saber cuál puede ser el tiempo previsto en cada punto del orden del día.
- Disponer de la información necesaria para el desarrollo de la reunión.
- Si es continuación de otra reunión, preparar un resumen para partir de los puntos acordados y no repetirlos.

La experiencia práctica en los centros educativos y en todas las organizaciones, nos lleva a dar una gran importancia a que el coordinador del equipo o la dirección dedique tiempo a la preparación de las reuniones. En la distribución del horario de las personas que tienen estas responsabilidades debería constar de forma sistemática esta función.

Uno de los elementos interesantes para la preparación de las reuniones es adecuar su dinámica, su funcionamiento a las finalidades que se pretendan. Las reuniones (Gómez Dacal, 1986) pueden ser para:

- Informar.
- Recoger informaciones.
- Formar.
- Intercambiar puntos de vista.
- Tomar decisiones generar ideas.
- Llegar a un acuerdo o solucionar un conflicto.
- Decidir.

Si no utilizamos la metodología correcta orientada según su finalidad el resultado aparte de llegar con dificultad al objetivo, será una importante pérdida de tiempo y la causa por la cuál las reuniones se considerarán ineficaces.

Preparar los materiales auxiliares

Complementariamente a su preparación hay que definir si se utilizarán recursos y materiales auxiliares: fotocopias, transparencias, etc., para poder agilizar y mejorar el funcionamiento.

El tiempo destinado a la preparación de los materiales auxiliares debe ser racional y estar relacionado con los resultados esperados. Conviene usar todos los materiales a nuestro alcance pero utilizar sólo los necesarios. Hay que utilizar los recursos con los principios de simplicidad, mantenimiento y rentabilidad (Viñas, 1994).

El moderador o coordinador de la reunión y sus funciones

La función del moderador o animador es un elemento imprescindible para el buen funcionamiento de la reunión. Hay que recordar en los centros educativos que las personas que, en razón de sus funciones, deban moderar las reuniones, han de realizar esta tarea con dedicación y utilizando la tecnología apropiada.

Para la utilización correcta de los recursos temporales, los animadores deben realizar las siguientes tareas:

- *Presentación.* Presentar el orden del día y concretar las finalidades de la reunión. Ayudar a que los presentes en la reunión se centren en los temas, por tanto mejorar la concentración en los temas.
- *Clarificación.* Es aconsejable que el animador haga funciones de clarifica-

ción y concentre la dirección de la reunión, obteniendo una mayor disciplina de los asistentes y orientando a aquellos que, no habiendo preparado con anterioridad la reunión, deban situarse respecto a los temas.

- *Control.* El animador debe controlar que las reuniones no se dispersen en otros temas. Si no se ejerce el control sin duda habrá muchas pérdidas de tiempo. Hay que tener la suficiente habilidad para ejercer este control sin usar métodos autoritarios y sin coartar la posibilidad de que se puedan tratar otros temas no incluidos en un principio en el orden del día. El control es una función que se delega del conjunto de los asistentes, que se ejerce no tanto por la autoridad que da una responsabilidad como por la utilidad para el conjunto de la reunión.
- *Relajación y dinamización.* Como complemento al control, el animador debe fomentar la relajación cuando la discusión pueda crear conflictos, ya que estos dificultan la comunicación y por tanto la posibilidad que una reunión cumpla su cometido. La dinamización será necesaria para animar a la concentración por el trabajo cuando justamente la relajación del grupo sea excesiva. El clima de la reunión tiene resultados relacionados con el éxito final.
- *Resumen.* Finalmente el animador debe realizar un resumen de los acuerdos y si es posible consignarlos en actas. Este aspecto será muy importante para su utilización posterior.

Fomentar la participación de los miembros de los equipos

En la eficacia de una reunión el papel clave está en la autodisciplina que tengan los propios miembros. Se debe reflexionar sobre la importancia que tienen las pérdidas de tiempo para uno mismo y para los demás. La falta de autodisciplina es, desde el punto de vista temporal cronofágico, un verdadero monstruo cometiempos, como han dicho algunos autores (Miller, 1996). Los defectos que podemos tener como miembros de equipos, que dificultarán la participación de los demás pueden ser: deseo de demostrar superioridad en el grupo, ganas de hablar, voluntad de imponer las propias ideas, falta de simplicidad, falta de concentración en los temas, intervenciones demasiado largas, repetitivas, etc.

Ante conductas como las anteriores debe facilitarse la participación a través de la disciplina colectiva.

El resumen de la reunión

Finalmente se resumirán los resultados de la reunión y se concretarán los acuerdos, temas tratados, tareas impuestas, etc. Es especialmente útil formalizar estos acuerdos por escrito para que en otras reuniones se parta de ellos y se evite la repetición de discusiones, aprovechando al máximo el tiempo utilizado. Para poder avanzar es básico dar a los resultados de las reuniones una validez (o estabilidad) temporal mínima.

Hemos confirmado a través de la observación que en muchos centros educativos se repiten de forma cíclica los mismos puntos y se reproducen las mismas discusiones. Conviene tener presente que la falta de concreción de las discusiones en acuerdos supone un desgaste de la organización y poco aprovechamiento de los recursos temporales.

Tareas posteriores a la reunión

Finalmente la reunión tiene como finalidad que los acuerdos se lleven a la práctica. Será inútil si, aunque haya funcionado perfectamente la reunión, después no se establecen los mecanismos para llevar dichos acuerdos a la práctica. Muchas de las reservas que los profesores y profesoras tienen sobre la utilidad de las reuniones están relacionadas con la sensación de que los acuerdos no se ejecutan.

La introducción de algunas mejoras en la gestión de las reuniones, nos posibilitará recuperar tiempo para utilizarlo en otros en aspectos en los que se necesite.

El orden en los despachos y salas de profesores, como recurso de mejora de utilización del tiempo

Los despachos de dirección destinados a la gestión de los centros públicos y privados tienen los mismos problemas que los despachos de todas las organizaciones. Los despachos mal organizados, son una fuente de pérdida de tiempo destinado a la organización, es decir que perjudica al conjunto del profesorado e indirectamente a todos los estamentos del centro.

Es necesario pues dominar el entorno de trabajo organizativo de los centros, es decir los despachos y salas de reuniones, y para ello vamos a dar algunas ideas siempre con referencia al tiempo. El desorden es una enfermedad organizativa leve, de difícil tratamiento y que puede transformarse en grave. Según Day-Timers se observa que una mesa desordenada provoca en relación con el tiempo las siguientes consecuencias (Josephs, 1993):

- Pérdida de control sobre su trabajo.
- Disminución de la productividad.
- Distracción, fatiga y estrés.

Por ello proponemos que al tratar la mejora de la utilización del tiempo de gestión nos centremos también, si es necesario, en el orden en los despachos.

Como fórmula general conviene tener tres espacios, si se puede, bien delimitados dentro de un despacho:

- Una zona de trabajo.
- Una zona de almacenamiento.
- Una zona de atención a las visitas

Veamos algunas ideas generales para poder utilizarlas en nuestro centro educativo.

Zona de trabajo

Ideas para el aprovechamiento del tiempo:

- Despacho no orientado hacia la puerta si existe la costumbre de que este abierta. Evidentemente si no se puede hacer, la puerta sirve para el mismo efecto aislante, se cierra y ya está. La comunidad educativa debe respetar que la dirección o los coordinadores puedan tener un espacio y un tiempo para trabajar en tranquilidad. A la larga esto les beneficiará a todos.
- Es aconsejable disponer de mesas auxiliares ya que para no distraerse es una

norma común que en las mesas de trabajo no haya otros papeles o elementos más que los imprescindibles sobre los que se está trabajando. El consejo es que sobre la mesa sólo haya aquello con lo que se trabaja, aunque tener otros elementos fácilmente localizables pueden ahorrar mucho tiempo.

- Para simplificar puede tenerse otra mesa auxiliar para colocar teléfonos, fax, ordenador, etc. Convendrá en algunos momentos aislarse de la mesa de trabajo.
- Tener una papelera a mano. Hay que tirar muchas cosas a lo largo de un día. Hay que guardar lo menos posible.
- Tener un centro de recepción de recados: una bandeja con la consigna de no tratar los temas a medida que van entrando. La planificación no puede ser la bandeja.
- Tener un sistema de depósito concreto que evite dudas de almacenamiento, con un banco de datos inmediato.
- El despacho debe estar, a ser posible, limpio de papeles y asuntos, para evitar distracciones.

Zona de almacenamiento

El archivo adecuado de los documentos a utilizar no solamente mejora el rendimiento sino que supone un ahorro de tiempo importante. Por ello aconsejamos que todos los espacios de trabajo, salas de profesores, etc., deben tener bien resuelto las normas en estos aspectos.

Repasemos algunos consejos generales:

- Archivar a medida que vayan entrando los papeles. Es decir vaciar cotidianamente la bandeja de entrada. No acumular los papeles.
- Los papeles se deben tratar una sola vez. En general se deben tirar, pero si hay que tratarlos, anotar la urgencia y consignar si se debe hacer inmediatamente, demorar y si es necesario delegar.
- Procurar carpetas a partir de un archivo temático, que no contengan muchas materias.
- Tener destinado un sitio para cada cosa. No cargar los archivos con papeles.
- Archivar los papeles de acuerdo con el trabajo que el centro educativo debe realizar.

Zona de atención de las visitas

En las visitas, las entrevistas deben realizarse en espacios adecuados para la comunicación, y con la dedicación temporal ajustada. Si no se controlan las entrevistas en el tiempo, se dificulta que lleguen a buen puerto.

Veamos también en este aspecto algunas ideas básicas:

- Centrar la atención sobre la visita y evitar las interrupciones, telefónicas, o de personas que entren.
- Si es posible la zona de visita no debe ser la misma que la del despacho de trabajo.
- Hay que centrar las visitas en el tema para poder llegar a conclusiones, sin tratar de acelerar el diálogo porque si no se suelen crear incomunicaciones.
- Hay que limitar el horario de visitas o entrevistas ya que no podemos estar

siempre a disposición de interrumpir aquello que estemos haciendo.
- Si sabemos el contenido de la entrevista vale la pena prepararla porque nos ahorrará tiempo.

Todos estos elementos son detalles que debemos tratar con seriedad porque acumulados crean un gran desgaste en los profesores y profesoras y en la gestión del tiempo de los centros. Es probable que les demos un tratamiento reactivo referido al carácter de cada uno o a hábitos personales. Debemos transformar estos temas «personales» en temas de la organización y solucionarlos en conjunto.

Los instrumentos personales y colectivos de planificación

Repasemos los instrumentos que los profesionales acostumbran a usar en relación a la planificación y uso del tiempo.

El tiempo y su planificación instrumental

El uso de instrumentos de planificación tiene que ver con la concepción organizativa que las personas o las organizaciones tienen sobre el tiempo. Por ello la reflexión sobre este conocido instrumento nos hará analizar el uso del tiempo desde otra perspectiva.

En la literatura sobre la utilización del tiempo en las organizaciones se distinguen varias generaciones de instrumentos de planificación (Covey, 1996):

- 1ª generación: se basa en recordatorios, listas de tareas y simples notas.
- 2ª generación: se basa en planificar y preparar, en el empleo de calendarios y agendas.
- 3ª generación: se basa en el planeamiento, las prioridades y el control, y en el establecimiento de metas a corto, medio y largo plazo.
- 4ª generación: se basa en paradigmas generales que logren resultados de calidad de vida.

Estas generaciones de pensamiento asumen los logros de las generaciones anteriores de instrumentos y añaden elementos nuevos ya que las soluciones dadas tienen aspectos o efectos secundarios que deben corregirse o mejorarse.

Las listas de tareas o simples notas conlleva como defecto que no se dé prioridad a las tareas. Se pretende acabar la lista, con la fatalidad de que nunca se termina, pero en ningún caso se hace antes aquello que nos daría un mayor rendimiento en nuestro trabajo. Estas personas y sus organizaciones tienen un alto grado de actividad, pero su eficacia es relativa. Hemos podido observar muchos profesores con este funcionamiento en los centros educativos. Podemos percibir un profesorado activísimo que no puede llevar a cabo todo lo que tiene pendiente, y que sin embargo cuando analiza los resultados les parece que han dejado de hacer aquello que es más importante. En lenguaje metafórico de la teoría de la organización «matamos muchas hormigas, pero no disparamos contra los elefantes». Esta generación sufre una adicción a lo urgente que no siempre es lo más importante.

La segunda generación intenta solventar estos problemas a partir de una distribución del tiempo y de la descripción de los trabajos. El salto en la organización es espectacular. Como ya hemos visto anteriormente planificar el tiempo debe dar como resultado una gran eficacia porque su ahorro hace que se tenga disponible para otros quehaceres. El problema derivado de estos instrumentos se ha basado en los criterios de supereficiencia, que provocan que a medida que se recupera tiempo se vayan realizando más y más actividades, llenando las agendas e imposibilitando que se cumpla lo planificado. Otro problema que se repite es la utilización de la urgencia como único elemento para establecer prioridades. Esto provoca una adicción comparable a la de las drogas, se ha hablado ya del *work alcoholic* (adicto al trabajo).

La tercera generación introduce elementos de control sobre los problemas que se han detectado en los instrumentos de la segunda generación y por ello intenta planificar, programar, organizar. Estos aspectos nos recuerdan lo dicho sobre las funciones organizativas. Se mejoran y se solucionan muchos de los problemas anteriores, y se adquiere un alto grado de rendimiento en eficiencia y efectividad respecto al tiempo. La utilización de estos instrumentos es pues una mejora substancial para la organización del tiempo personal y de la organización, ya que determina objetivos, define programas y organiza el trabajo a realizar.

La cuarta generación, muy nueva en la literatura organizativa, pretende que toda la distribución de tiempos en las organizaciones esté basada en principios, y que se analicen desde la perspectiva de los valores. No se trata de hacer mucho sino de hacer aquello que sea mejor para las finalidades que nos proponemos. Dada la complejidad de valores en que nos movemos en las organizaciones educativas parece importante la aportación que esta corriente aporta al uso de nuestro tiempo. Pongamos un ejemplo. Si en nuestro centro consideramos que la relación profesor-alumno es prioritaria en el ámbito tutorial, no sólo debemos reservar tiempo concreto para que se pueda realizar esta función sino que, en un momento dado, si un alumno necesita un tiempo extra le destinaremos tiempo sobre otras actividades previstas. La imprevisibilidad es un elemento tan importante como la previsión de los tiempos escolares (Cela y Palou, 1997a). De hecho la cuarta generación lo que pretende es acabar con la primacía de los instrumentos sobre la realidad.

Como se ha podido comprobar usar unos instrumentos de planificación u otros no es una cuestión neutra y significa tomar una opción determinada de cómo entendemos el centro educativo y las relaciones humanas que en él se establecen

A partir de esta reflexión previa proponemos los siguientes instrumentos:

Agendas

Las agendas deben tener para ser usadas:

- Una distribución semanal.
- Una distribución de tareas a realizar.
- Una distribución anual o trimestral, para marcar plazos a grandes tareas.
- Una determinación de objetivos a largo y medio plazo.
- Una lista de cosas a hacer atendiendo a la importancia y la urgencia.
- Algunas agendas incorporan lista de llamadas telefónicas.

La distribución diaria sólo es interesante si es una concreción de la semanal. La planificación a corto plazo exclusivamente diaria genera los problemas que hemos visto en la primera generación. Parece que la distribución semanal es una buena medida personal.

Plannings *con grandes tareas*

Precisamente para mantener los objetivos importantes de los distintos equipos de trabajo es interesante tener a mano calendario-*planning* donde estén marcados, en forma de flecha, los períodos de realización de distintas tareas u objetivos. Los *plannings* sirven para detectar si en un período de tiempo determinado hay una concentración de tareas que obligará a una nueva distribución de tiempo o de tareas. Debido a la complejidad de los centros educativos nos parece especialmente recomendable.

Los *plannings* se utilizan también para llevar un seguimiento y un control de la ejecución de una tarea compleja.

Formularios de comunicación interna

A menudo hay problemas en los centros por la falta de una buena distribución de la información. Por ello proponemos elementos que se utilizan en muchas organizaciones para evitar que informaciones útiles o que tiene que ver con las responsabilidades de las personas no lleguen a sus destinatarios. Estos formularios deben tener en cuenta:

- Quién envía la información.
- A quién debe llegar.
- La comunicación concreta.
- Un espacio de respuesta, si se cree que esto puede generar una nueva tarea no prevista.

Podemos decir que el segundo punto es el más importante. Como es obvio la formalización de estas comunicaciones necesita un grado de disciplina importante y a veces en la inmediatez puede interpretarse como una forma exagerada y una burocratización excesiva. Habrá que analizar estos aspectos dependiendo del tamaño del centro. En un centro que tenga más de diez personas trabajando, estos formularios ya ofrecen innumerables ventajas en la utilización del tiempo.

Contestadores automáticos, fax o correo electrónico

Si por ejemplo, un miembro del equipo directivo siempre contesta a las llamadas telefónicas, significa que se otorga al teléfono la capacidad de decidir sobre la prioridad de lo que se está haciendo. Es decir la planificación es el teléfono. Es por ello que el contestador automático es un elemento interesante porque se reciben las llamadas inmediatamente pero se contestan cuando conviene. No es necesario decir que conviene concentrar las llamadas de respuesta en un tiempo determinado y que la experiencia nos dice que hay momentos para las llamadas telefónicas que son mucho más eficaces que otros.

Los fax, correo electrónico son inversiones muy económicas ya que ahorran gran cantidad de nuestro tiempo. Por ello es muy rentable destinar una inversión en estos elementos porque nos facilitan la comunicación. El correo electrónico es ya una realidad que nos da una gran libertad respecto al tiempo en la comunicación de trabajo.

Anexo 1. Guía para la elaboración de una auditoría sobre la utilización del espacio y el tiempo en el centro educativo

Esta guía para la utilización del espacio y el tiempo en el centro educativo, sirve como guión básico para realizar un análisis y una evaluación, a modo de auditoría, orientada a la mejora del uso de estos recursos. Proponemos cinco fases, para su utilización

- Comprensión conjunta por parte del profesorado de las preguntas.
- Decisión de quiénes van a realizar la auditoría y en qué órganos.
- Descripción y valoración de cada pregunta.
- Análisis de las causas.
- Elaboración de propuestas de mejora.
- Dar prioridad a las propuestas de acuerdo con su importancia y urgencia.

Por lo tanto se puede elaborar una parrilla de la siguiente forma:

TEMA BÁSICO	CUESTIÓN	VALORACIÓN	ANÁLISIS DE CAUSAS	PROPUESTAS DE MEJORA	PRIORIDAD

Este instrumento es un resumen de las cuestiones tratadas en el texto, por lo que se puede consultar en caso de necesitar precisiones. No pretende agotar los temas posibles a tratar, por lo tanto, cada centro deberá incluir aquellos que crea convenientes. Es un instrumento que debe orientarse hacia la práctica, es decir, que debe tener como objetivo la elaboración de propuestas concretas de mejora.

UTILIZACIÓN DEL ESPACIO

1.1. LOS ELEMENTOS ESPACIALES

- ¿La superficie de las aulas en el centro en relación con los grupos del centro es suficiente?
- ¿Qué cambios en la distribución de las aulas se pueden proponer?
- ¿Existen espacios comunes? ¿Existen todos los necesarios?
- ¿Hay espacios poco utilizados? ¿Qué cambios se podrían hacer para una mejor utilización?
- ¿Se podría dar una utilidad múltiple a algunos espacios?
- ¿Están suprimidas las barreras arquitectónicas en el conjunto del centro? ¿Si hay barreras, son menores en algunas partes del edificio? ¿Hay propuestas para suprimir las barreras?

1.2. ESPACIOS ESPECÍFICOS

- ¿Qué valoración merece la utilización de los espacios específicos en general?
- ¿Es suficiente y adecuado el grado de utilización del aula de audiovisuales?
- ¿Es suficiente y adecuado el grado de utilización del laboratorio?
- ¿Es suficiente y adecuado el grado de utilización de la biblioteca?
- ¿Es suficiente y adecuado el grado de utilización del gimnasio?
- ¿Es suficiente y adecuado el grado de utilización del aula de tecnología?
- ¿Es suficiente y adecuado el grado de utilización del aula de dibujo?
- ¿Es suficiente y adecuado el grado de utilización del otras aulas especializadas?
- ¿Existe una sala común? ¿Qué grado de utilización tiene?

1.3. LOS EQUIPAMIENTOS

- ¿El mobiliario es adecuado para la edad y el número de los alumnos y alumnas?
- ¿Respecto a cada aula?
- ¿El mobiliario es adecuado en relación a las actividades?
- ¿El mobiliario está en buen estado? ¿Se evita el deterioro? ¿Está bien definido el mantenimiento?
- ¿El equipamiento didáctico e informático es suficiente y adecuado?
- ¿Se utiliza adecuadamente el equipamiento informático?
- ¿Se utiliza adecuadamente el equipamiento audiovisual?
- ¿Se utilizan adecuadamente los recursos didácticos?
- ¿Son suficientes los equipamientos en los espacios especializados y se utilizan correctamente?
  - Aula de audiovisuales
  - Laboratorio
  - Biblioteca
  - Dibujo
  - Gimnasio
  - Otros espacios
  - Tecnología

1.4. LOS MATERIALES

- En las aulas ¿se utilizan fundamentalmente, libros de texto, materiales de consulta, etc.?
- ¿Hay biblioteca en las aulas?
- ¿Qué valoración hacemos del uso de los distintos materiales del aula: libros de texto, materiales de consulta y biblioteca del aula?
- ¿Existen criterios adecuados en la selección de los materiales? ¿Cuándo se deciden? ¿Se revisan en alguna ocasión?
- ¿Los rincones de trabajo están suficientemente equipados?

1.5. EL AMBIENTE GENERAL

- ¿Cuál es la opinión general sobre la imagen del centro?
- ¿Cuál es la valoración de la decoración permanente de vestíbulos, pasillos, aulas?
- ¿Cuál es la valoración de la decoración variable de vestíbulos, pasillos, aulas?
- ¿Cuál es el grado de participación de la comunidad educativa?
- ¿Los tableros informativos presentan información pertinente, ordenada y clara?
- ¿Los trabajos de los alumnos y las alumnas sirven adecuadamente de decoración?
- ¿Existen espacios para exposiciones? ¿Se realizan exposiciones permanentemente o sólo esporádicamente?

2. ESPACIO EN EL CENTRO

2.1. AULAS EN GENERAL

- ¿Las aulas son adecuadas a los niveles educativos?
- ¿Las condiciones generales de ventilación, iluminación, sonoridad de las aulas son adecuadas?

2.2. DE GESTIÓN

- ¿Los espacios de dirección y coordinación son suficientes y adecuados para realizar sus funciones?
- ¿Hay espacios adecuados para el archivo?
- ¿Existen espacios para visitas?
- ¿Los espacios de trabajo en equipo del profesorado son suficientes y adecuados? ¿Tienen el material y el equipamiento suficiente?

2.3. DE CIRCULACIÓN

- ¿Los espacios de circulación son silenciosos, fluidos y facilitan el intercambio?

2.4. DE SERVICIOS

- ¿Los espacios de comedor y las condiciones higiénicas son suficientes?

2.5. ESPACIOS AL AIRE LIBRE Y RECREATIVOS

- ¿Las instalaciones para actividades recreativas son suficientes y adecuadas?
- ¿Los patios tiene equipamientos suficientes, tienen espacio adecuado?
- ¿Las instalaciones deportivas son adecuadas? ¿Hay equipamientos para realizar diversos deportes?
- ¿Es fácil la utilización en actividades extraescolares?

3. LAS AULAS

- ¿Hay un mobiliario y un equipamiento correcto?
- ¿Las condiciones ambientales de iluminación, ventilación, pintura son aceptables? ¿El mantenimiento es correcto?
- ¿La situación de los alumnos y alumnas en las aulas es flexible, variable según la actividad y el nivel, comunicativa y facilitadora de la comunicación?

4. RESPECTO AL ENTORNO

- ¿Se conocen y se utilizan suficientemente los recursos culturales del entorno?
- ¿Se tienen datos y se utilizan sobre la actividad económica, entorno urbano, situación lingüística y cultural, etc.?
- ¿Se realizan actividades complementarias utilizando el entorno?
- ¿Se organizan actividades con entidades o grupos del entorno social?

5. PARTICIPACIÓN Y REFLEXIÓN EN EL CENTRO SOBRE EL ESPACIO

- ¿Se discute sobre al utilización del espacio de forma suficiente? ¿Sobre qué aspectos?
- ¿Los órganos que definen la utilización del tiempo son los adecuados? ¿Son representativos?
- ¿Cuál es la valoración sobre la participación del profesorado?
- ¿Cuál es la valoración sobre la participación del alumnado?
- ¿Cuál es la valoración sobre la participación de los padres y las madres?
- ¿Las relaciones con la administración, en este aspecto, son ágiles y mejoran las situaciones concretas?

UTILIZACIÓN DEL TIEMPO

1. RESPECTO AL ALUMNADO

1.1. Condiciones de salud

- ¿Los horarios se adaptan al ritmo de trabajo de los alumnos y alumnas?
- ¿Se tiene en cuenta el grado de atención de los alumnos y alumnas?
- ¿Los horarios previenen la fatiga de los alumnos y alumnas?

1.2. Criterios socioculturales
• ¿En las programaciones se tienen en cuenta las fiestas y cómo afectan al ritmo del alumnado? • ¿Se realizan actividades para mantener el ritmo en período vacacional? • ¿Se cumple la distribución temporal de áreas de la normativa?
1.3. Cultura organizativa
• ¿Hay criterios previos sobre la distribución del tiempo en los horarios? • ¿Se prevén dificultades cuando se proponen cambios respecto a los horarios?
1.4. Respecto al horario de los alumnos y alumnas
• ¿Cuál es el grado de flexibilidad de los horarios para adaptarse a las actividades de los alumnos y alumnas? • ¿Cuál es el grado de fragmentación del trabajo de las áreas? • ¿Se hacen cambios en función de las metodologías concretas?
1.5. Respecto al tiempo en la clase
• ¿Los tiempos de las sesiones se distribuyen con lógica interna completa? • ¿Está previsto tiempo para todas las actividades que deben realizar los alumnos y alumnas en la clase? • ¿Se reservan tiempos para el repaso y el estudio? • ¿Se prevén momentos de descanso para los alumnos y las alumnas?
1.6. Respecto al tiempo en casa
• ¿El trabajo en casa se programa colectivamente pensando en la dedicación temporal de los alumnos y alumnas? • ¿El trabajo está bien definido temporalmente y los padres pueden planificar el tiempo de dedicación de sus hijos e hijas? • ¿Si se hacen actividades extraescolares no representa para los alumnos horarios muy cargados?
2. EL TIEMPO DEL PROFESORADO Y PARA LA GESTIÓN DEL CENTRO
2.1. Horarios del profesorado
• ¿Está definido el tiempo que representan las actividades para realizar distintas responsabilidades? • Comprobar si el tiempo está definido respecto: - Al proceso educativo - A la coordinación y planificación curricular - A la formación, investigación y material curricular - A la relación con el entorno - A la participación y gestión

2.2. Programación de las actividades

- ¿Existe una programación con prioridad en los objetivos?
- ¿Se temporalizan las actividades?
- ¿Se pueden adaptar a lo imprevisible?
- ¿Se evalúa en equipo el uso del tiempo?
- ¿Está organizado todo el tiempo?
- ¿Se diversifica el horario de los profesores?
- ¿Se regula tiempo para imprevistos?
- ¿La distribución de tareas es equilibrado respecto al tiempo?
- ¿Están planificados momentos intensivos para actividades concretas?

2.3. Tareas de organización

- ¿Se destina tiempo para las tareas de organización?
  - Para la planificación
  - Para la organización
  - Para la programación
  - Para el seguimiento de la realización
  - Para el control y la evaluación

2.4. Las reuniones

- ¿Se preparan las reuniones?
- ¿están definidas las tareas de coordinación y del moderador?
- ¿está previsto tiempo de participación?
- ¿se realiza un resumen y se utiliza posteriormente?

2.5. El entorno de trabajo

- ¿Hay orden en el entorno de trabajo?
- ¿Se utilizan elementos para mejorar la utilización del tiempo?
- ¿Se utilizan instrumentos de planificación?
- ¿se tiene una visión proactiva en el uso del tiempo?

3. PARTICIPACIÓN Y REFLEXIÓN EN EL CENTRO SOBRE EL TIEMPO

- ¿Se discute suficientemente sobre la utilización del tiempo en el centro? ¿Sobre qué aspectos?
- ¿Los órganos que definen la utilización del tiempo son los adecuados, y representativos?
- ¿Cuál es la valoración sobre la participación del profesorado?
- ¿Cuál es la valoración sobre la participación del alumnado?
- ¿Cuál es la valoración sobre la participación de los padres ?
- ¿Las relaciones con la administración en este aspecto son ágiles y mejoran las situaciones concretas?

Anexo 2. Normativa legal

Requisitos mínimos de número de alumnos y espacios de los centros que imparten enseñanza no universitaria

Educación infantil y primaria

Concreta los requisitos mínimos que deben reunir los centros establecidos en el artículo 14 de la Ley Orgánica 8/1985, de 3 de julio, reguladora del Derecho a la Educación.

Ámbitos de uso

- 2. Leyes básicas.
- 3.1. Coordinación y control-regulación.
- 3.4. Dirección administrativa.
- 6.2. Gestión administrativa.

Para utilización

- Titulares del centro.
- Director del centro.
- Secretario del centro.
- Administradores de la educación.
- Padres y madres de los alumnos.

Referencias legislativas

- Ley Orgánica 8/1985, de 3 de julio, reguladora del derecho a la educación. BOE nº 159, de 4.7.85, artículo 14.
- Real Decreto 1004/1991, de 14 de junio, por el que se establecen los requisitos mínimos de los centros que impartan enseñanzas de régimen general no universitarias.
- Orden de 11 de octubre de 1994 por la que se regulan las titulaciones mínimas que deben poseer los centros privados de educación infantil y primaria.

Temas

Requisitos mínimos de los centros docentes

Están obligados todos los centros docentes. El gobierno establecerá estos requisitos (art. 14.1 Ley Org. 8/1985).

Los requisitos se referirán a:

- Titulación académica del profesorado.
- Relación numérica alumno-profesor.
- Instalaciones docentes y deportivas.
- Número de espacios escolares (art. 14.2. Ley Org. 8/1985).

Requisitos mínimos de carácter general (título primero, art. 1 al 8. Real Decreto 1004/1991)

- Los centros deben reunir los requisitos. Los centros privados serán autorizados si cumplen los requisitos o se les puede revocar la autorización si no los cumplen (art. 1. Real Decreto 1004/1991).
- Los centros en edificios independientes destinados a uso escolar (art. 4. Real Decreto 1004/1991).
- Los centros deberán tener condiciones higiénicas, acústicas y de habitabilidad y seguridad (art. 5. Real Decreto 1004/1991).
- La administración puede dictar reglamentaciones técnicas arquitectónicas. Los centros deben disponer de condiciones arquitectónicas que faciliten el acceso de alumnos con problemas físicos (art. 6 y 7. Real Decreto 1004/1991).
- Número de espacios escolares, aquellos que pueden atenderse simultáneamente (art. 8. Real decreto 1004/1991).

Ratio de alumnos

Ver el cuadro 1

El número máximo condicionado a los alumnos autorizados en la obertura (art. 13.2/art. 21.2. Real Decreto 1004/1991).

Espacios

Educación infantil (art. 10, 11 y 12. Real Decreto 1004/1991)

Cuadro 1. Ratio alumnos. Educación infantil y primaria

EDUCACIÓN INFANTIL		**EDUCACIÓN PRIMARIA**
0-1 año	8	25 alumnos por unidad
1-2 años	13	
2-3 años	20	
3-6 años	25	
art. 13.1. Real Decreto 1004/1991		art. 21.1. Real Decreto 1004/1991

Ubicación en locales exclusivos y accesos independientes (art. 10. 1. Real Decreto 100461991).

Ver el cuadro 2

Cuadro 2. Espacios. Educación infantil

ESPACIOS	CENTROS QUE IMPARTEN PRIMER CICLO DE EDUCACIÓN INFANTIL			CENTROS QUE IMPARTEN SEGUNDO CICLO DE EDUCACIÓN INFANTIL			CENTROS QUE IMPARTEN PRIMER Y SEGUNDO CICLO DE EDUCACIÓN INFANTIL		
	Número mínimo	**Mínimo m^2**	**Observaciones**	**Número mínimo**	**Mínimo m^2**	**Observaciones**	**Número mínimo**	**Mínimo m^2**	**Observaciones**
Aulas	3	30	$2m^2$ por alumno	3	30	$2m^2$ por alumno	6	30	$2m^2$ por alumno
Áreas de higiene y descanso	cada aula		en alumnos de menos de 2 años				cada aula		en alumnos de menos de 2 años
Espacio de preparación de los alimentos	1		en alumnos de menos de 1 año				1		en alumnos de menos de 1 año
Sala de usos múltiples	1	30	se puede usar como comedor	1	30	se puede usar como comedor	1	30	se puede usar como comedor
Patio	1 por 9 unidades	75	uso exclusivo	1 por 6 unidades	150	50 m^2 cada unidad más uso exclusivo	1 por 6 unidades	150	50 m^2 cada unidad más uso exclusivo
Lavabos	1 por aula a partir de 2 años		visible: 2 lavabos 2 inodoros	1 por aula		1 lavabo 1 inodoro	1 por aula a partir de 2 años		2 años: 2 lavabos 2 inodoros. 3-6 años: 1 lavabo y 1 inodoro
Lavabos del personal	1		separado de unidades: lavabo, inodoro, ducha						
Despacho de dirección							1		
Secretaria							1		
Sala del profesorado							1		adecuada al número de alumnos

Cuadro 3. Espacio. Educación primaria

ESPACIOS	NÚMERO MÍNIMO	MÍNIMO m²	OBSERVACIONES
Aula	1 unidad por curso	> 30	1,5 m² por lugar escolar
Espacios polivalentes	2 cada 6 unidades	20 m²	desdoblamiento grupos actividad refuerzo y soporte
Sala usos polivalentes	1	100	compartimentable
Patio	1	3 m² por lugar escolar	superficie 44 x 22 pista polideportiva
Biblioteca	1	45	
Gimnasio	1	200	vestidores, ducha y almacén
Lavabos			adecuados a los lugares escolares
Despacho de dirección	1		
Secretaría	1		
Sala de profesorado	1	30	
Sala de reuniones APA			
Asociaciones de alumnos	1		en centros públicos

Educación secundaria

Ratio de alumnos

Ver el cuadro 4

El número máximo está condicionado al número de alumnos autorizados en la obertura (art. 24, 25 y 26. Real Decreto 1004/1991).

Cuadro 4. Ratio alumnos. Educación secundaria, bachillerato y ciclos formativos

EDUCACIÓN SECUNDARIA	BACHILLERATO	CICLOS FORMATIVOS
30 alumnos por unidad	35 alumnos por unidad	30 alumnos por unidad
Art. 27.1. Real Decreto 1004/1991	Art. 27.1. Real Decreto 1004/1991	Art. 35 Real Decreto 1004/1991

Espacios

Educación secundaria y bachillerato (art. 24, 25 y 26. Real Decreto 1004/1991).

Para ofrecer bachillerato al menos dos modalidades y cuatro unidades (art. 24.2. Real decreto 1004/1991).

Ver el cuadro 5

Centros privados con autorización previa a la promulgación de la LOGSE y que deseen obtener autorización para impartir ESO

Están autorizados automáticamente (disp. trans. 3. Real Decreto 1004/1991)

- Centros de bachillerato: bachilleratos en las modalidades humanidades y ciencias sociales y ciencias de la naturaleza y salud.
- Centros de formación profesional: ciclos formativos de grado medio.

Ver el cuadro 6

Condiciones de autorización provisional para necesidades de escolarización de centros de EGB y FP1 autorizados y centros de bachillerato procedentes de filiales (disp. trans. 7. Real decreto 1004/1991)

Ver el cuadro 7

Cuadro 5. Espacios. Educación secundaria y bachillerato. Disposiciones generales

ESPACIOS	CENTROS QUE IMPARTEN EDUCACIÓN SECUNDARIA (ART. 24, 25 Y 26. REAL DECRETO 1004/1991			CENTROS QUE IMPARTEN BACHILLERATO (ART. 26. REAL DECRETO 1004/1991)			CENTROS QUE COMPARTEN PRIMARIA Y SECUNDARIA (DISP. AD. 2. REAL DECRETO 1004/1991)	CENTROS QUE COMPARTEN ESO Y BACHILLERATOS (DISP. AD. 3. REAL DECRETO 1004/1991)
	Número mínimo	**Mínimo m^2**	**Observaciones**	**Número mínimo**	**Mínimo m^2**	**Observaciones**		
Aulas	1 por unidad	40	1,5 m^2 por lugar escolar	1 por unidad	30	1,5 m^2 por lugar escolar		
Aula taller	1 por cada 12 unidades o fracción	100						
Aula música	1 por cada 12 unidades o fracción	45						
Aula de informática	1 por cada 12 unidades o fracción	45		1 por cada 12 unidades o fracción	60			
Aula plástica	1 por cada 12 unidades o fracción	45						
Laboratorio de ciencias experimentales	1 por cada 12 unidades o fracción	60	Común con los laboratorios de bachillerato					Común con los laboratorios de bachillerato

ESPACIOS	CENTROS QUE IMPARTEN EDUCACIÓN SECUNDARIA (ART. 24, 25 Y 26. REAL DECRETO 1004/1991			CENTROS QUE IMPARTEN BACHILLERATO (ART. 26. REAL DECRETO 1004/1991)			CENTROS QUE COMPARTEN PRIMARIA Y SECUNDARIA (DISP. AD. 2. REAL DECRETO 1004/1991)	CENTROS QUE COMPARTEN ESO Y BACHILLERATOS (DISP. AD. 3. REAL DECRETO 1004/1991)
	Número mínimo	**Mínimo m^2**	**Observaciones**	**Número mínimo**	**Mínimo m^2**	**Observaciones**		
Pati	1	44x22	3 m^2 por lugar escolar	1	44x22	3 m^2 por lugar escolar utilizable como pista deportiva	común	común
Biblioteca	1	60		1	75			común
Gimnasio	1	480	Vestidores, ducha y almacén	1	480	Vestidores, ducha y almacén	1 gimnasio de 480 m^2 para uso de primaria y psicomotricidad	común
Lavabos			Adecuados a la capacidad del centro alumnos y profesores			Adecuados a la capacidad del centro alumnos y profesores		
Despachos dirección, coordinación y orientación		50	En conjunto de despachos		50	En conjunto de despachos	Pueden ser comunes	común
Secretaria	1			1			Puede ser común	común
Sala de profesores	1	30	Adecuada a la capacidad del centro	1	30	Adecuada a la capacidad del centro	Puede ser común	común

ESPACIOS	CENTROS QUE IMPARTEN EDUCACIÓN SECUNDARIA (ART. 24, 25 Y 26. REAL DECRETO 1004/1991			CENTROS QUE IMPARTEN BACHILLERATO (ART. 26. REAL DECRETO 1004/1991)			CENTROS QUE COMPARTEN PRIMARIA Y SECUNDARIA (DISP. AD. 2. REAL DECRETO 1004/1991)	CENTROS QUE COMPARTEN ESO Y BACHILLERATOS (DISP. AD. 3. REAL DECRETO 1004/1991)
	Número mínimo	**Mínimo m^2**	**Observaciones**	**Número mínimo**	**Mínimo m^2**	**Observaciones**		
Asociaciones de padres y alumnos			Despachos adecuados a los centros sostenidos con fondos públicos			Espacios adecuados a los centros sostenidos con fondos públicos		
ESPACIOS ESPECÍFICOS MODALIDADES BACHILLERATO								
Laboratorio de física				1	60	Modalidades: - Ciencias de la naturaleza y salud - Tecnología		
Laboratorio de química				1	60	Modalidades: - Ciencias de la naturaleza y salud - Tecnología		
Laboratorio de ciencias naturales				1	60	Modalidades: - Ciencias de la naturaleza y salud		
Aula de dibujo o aula de diseño asistido por ordenador				1	90	Modalidades: - Ciencias de la naturaleza y salud - Tecnología		

ESPACIOS	CENTROS QUE IMPARTEN EDUCACIÓN SECUNDARIA (ART. 24, 25 Y 26. REAL DECRETO 1004/1991			CENTROS QUE IMPARTEN BACHILLERATO (ART. 26. REAL DECRETO 1004/1991)			CENTROS QUE COMPARTEN PRIMARIA Y SECUNDARIA (DISP. AD. 2. REAL DECRETO 1004/1991)	CENTROS QUE COMPARTEN ESO Y BACHILLERATOS (DISP. AD. 3. REAL DECRETO 1004/1991)
	Número mínimo	Mínimo m²	Observaciones	Número mínimo	Mínimo m²	Observaciones		
Aula de tecnología y/o aula de administración y gestión				1	120	Modalidades: - Tecnología - Humanidades y ciencias sociales		
Aulas adecuadas para arte				1	120	Modalidad: - Arte		

Cuadro 6. Espacios. Adaptación de centros de secundaria con autorización previa

ESPACIOS	CENTROS QUE IMPARTEN EDUCACIÓN SECUNDARIA (ART. 24, 25 Y 26. REAL DECRETO 1004/1991			CENTROS PRIVADOS CON AUTORIZACIÓN U HOMOLOGACIÓN PREVIA A LA PROMULGACIÓN DE LA LOGSE, DE EGB, FP1, BUP, FP2 (DISP. TRANS. 4. REAL DECRETO 1004/1991)			
	Número mínimo	Mínimo m²	Observaciones	Número mínimo	Mínimo m²	Observaciones	Observaciones. Compartir primaria, ESO y/o bachilleratos
Aulas	1 por unidad	40	1,5 m² por lugar escolar	1 por unidad	40	1,5 m² por lugar escolar	
Aula taller	1 por cada 12 unidades o fracción	100		1 por cada 12 unidades o fracción	60		

ESPACIOS	CENTROS QUE IMPARTEN EDUCACIÓN SECUNDARIA (ART. 24, 25 Y 26. REAL DECRETO 1004/1991			CENTROS PRIVADOS CON AUTORIZACIÓN U HOMOLOGACIÓN PREVIA A LA PROMULGACIÓN DE LA LOGSE, DE EGB, FP1, BUP, FP2 (DISP. TRANS. 4. REAL DECRETO 1004/1991)			
	Número mínimo	**Mínimo m^2**	**Observaciones**	**Número mínimo**	**Mínimo m^2**	**Observaciones**	**Observaciones. Compartir primaria, ESO y/o bachilleratos**
Aula música	1 por cada 12 unidades o fracción	45		1 por cada 12 unidades o fracción	45	Común con plástica si hay menos de 12 unidades	
Aula de informática	1 por cada 12 unidades o fracción	45		1 por cada 12 unidades o fracción	45		Común con aula de informática de bachillerato
Aula de plástica	1 por cada 12 unidades o fracción	45		1 por cada 12 unidades o fracción	45	Común con música si hay menos de 12 unidades	
Laboratorio de ciencias experimentales	1 por cada 12 unidades o fracción	60		1 por cada 12 unidades o fracción	40		Común con el laboratorio de bachilleratos
Patio	1	44x22	3 m^2 lugar escolar utilizable como pista deportiva	1			Común
Biblioteca	1	60		1	60		Común

ESPACIOS	CENTROS QUE IMPARTEN EDUCACIÓN SECUNDARIA (ART. 24, 25 Y 26. REAL DECRETO 1004/1991			CENTROS PRIVADOS CON AUTORIZACIÓN U HOMOLOGACIÓN PREVIA A LA PROMULGACIÓN DE LA LOGSE, DE EGB, FP1, BUP, FP2 (DISP. TRANS. 4. REAL DECRETO 1004/1991)			
	Número mínimo	**Mínimo m^2**	**Observaciones**	**Número mínimo**	**Mínimo m^2**	**Observaciones**	**Observaciones. Compartir primaria, ESO y/o bachilleratos**
Gimnasio	1	480	Vestidores, ducha y almacén	1	200	Espacio deportivo cubierto	Común
Lavabos			Adecuados a la capacidad del centro, alumnos y profesores			Adecuados a la capacidad del centro, alumnos y profesores	Común
Despachos dirección, coordinación y orientación		50	En conjunto de despachos		50	En conjunto de despachos	Común
Secretaria	1			1			Común
Sala del profesorado	1	30	Adecuada a la capacidad del centro	1	30	Adecuada a la capacidad del centro	Común
Asociaciones de padres y de alumnos			Despachos adecuados a los centros sostenidos con fondos públicos			Despachos adecuados a los centros sostenidos con fondos públicos	
Laboratorio de física				1	60	Modalidades: - Ciencias de la naturaleza y salud - Tecnología	
Laboratorio de química				1	60	Modalidades: - Ciencias de la naturaleza y salud - Tecnología	

ESPACIOS	CENTROS QUE IMPARTEN EDUCACIÓN SECUNDARIA (ART. 24, 25 Y 26. REAL DECRETO 1004/1991			CENTROS PRIVADOS CON AUTORIZACIÓN U HOMOLOGACIÓN PREVIA A LA PROMULGACIÓN DE LA LOGSE, DE EGB, FP1, BUP, FP2 (DISP. TRANS. 4. REAL DECRETO 1004/1991)			
	Número mínimo	**Mínimo m²**	**Observaciones**	**Número mínimo**	**Mínimo m²**	**Observaciones**	**Observaciones. Compartir primaria, ESO y/o bachilleratos**
Laboratorio de ciencias naturales				1	60	Modalidades: - Ciencias de la naturaleza y salud	
Aula de dibujo o aula de diseño asistido por ordenador				1	90	Modalidades: - Ciencias de la naturaleza y salud - Tecnología	
Aula de tecnología y/o aula de administración y gestión				1	120	Modalidades: - Tecnología - Humanidades y ciencias sociales	
Aulas adecuadas para arte				2	90	Modalidades: - Arte	

Cuadro 7. Espacios. Autorización provisional para centros que hagan 1er ciclo de ESO

ESPACIOS	CENTROS DE EDUCACIÓN GENERAL BÁSICA PARA IMPARTIR PRIMER CICLO DE ESO (DISP. TRANS. 7. REAL DECRETO 1004/1991)			CENTROS DE FORMACIÓN PROFESIONAL DE PRIMER GRADO PARA IMPARTIR SEGUNDO CICLO DE ESO (DISP. TRANS. 7. REAL DECRETO 1004/1991)			
	Número mínimo	**Mínimo m^2**	**Observaciones**	**Número mínimo**	**Mínimo m^2**	**Observaciones**	**Observaciones. Compartir primaria, ESO y/o bachilleratos**
Aulas	1 por unidad	30	1,5 m^2 por lugar escolar	1 por unidad	30	1,5 m^2 por lugar escolar	
Aula taller	1 por cada 8 unidades o fracción	60		1 por cada 4 unidades o fracción	60		
Laboratorio de ciencias experimentales	1 por cada 8 unidades o fracción	40		1 por cada 4 unidades o fracción	40		Común con el laboratorio de bachilleratos
1 aula de desdoblamiento				1	20		

Anexo 3. Horarios escolares

Horario escolar correspondiente a las enseñanzas mínimas

Para el primer ciclo

- Ciencias de la naturaleza 140 h.
- Ciencias sociales, geografía e historia 140 h.
- Educación física 70 h.
- Educación plástica y visual 70 h.
- Lengua castellana y literatura 210 h.
- Lenguas extranjeras 210 h.
- Matemáticas 140 h.
- Música 70 h.
- Tecnología 125 h.
- Religión católica/actividades de estudio 105 h.

Para el segundo ciclo

- Ciencias de la naturaleza 90 h.
- Ciencias sociales, geografía e historia 160 h.
- Educación física 70 h.
- Educación plástica y visual 35 h.
- Lengua castellana y literatura 240 h.
- Lenguas extranjeras 240 h.
- Matemáticas 160 h.
- Música 35 h.
- Tecnología 70 h.
- Religión católica/actividades de estudio 105 h.

Además, un total de 170 horas, en el segundo curso del ciclo, para dos áreas a elegir entre las cuatro siguientes: Ciencias de la naturaleza, educación plástica y visual, música y tecnología.

De acuerdo con lo establecido en el artículo 4 de la LOGSE, las Comunidades Autónomas con lengua oficial distinta del castellano, dispondrán en relación con los horarios de las enseñanzas mínimas de las áreas del ámbito lingüístico, del 10% del horario escolar total que se deriva del presente Anexo, para la organización de las enseñanzas de la mencionada lengua propia. En todo caso, garantizarán una distribución proporcional de dicho porcentaje entre las diferentes áreas lingüísticas.

Horario escolar correspondiente a las enseñanzas mínimas para la educación primaria

Para el primer ciclo

- Conocimiento del medio natural, social y cultural 175h
- Educación artística 140h
- Educación física 140h
- Lengua castellana y literatura 350h
- Matemáticas 175h
- Religión católica / actividades de estudio 105h

Para cada uno de los otros dos ciclos

- Conocimiento del medio natural social y cultural 170h
- Educación artística 105h
- Educación física 105h
- Lengua castellana y literatura 275h
- Lenguas extranjeras 170h
- Matemáticas 170h
- Religión católica / actividades de estudio 105h

De acuerdo con lo establecido en el artículo 4 de la LOGSE, las Comunidades Autónomas con lengua ofial distinta del castellano dispondrán, en relación con los horarios de las enseñanzas mínimas, de las áreas del ámbito lingüístico, del 10% del horario escolar total que se deriva del presente Anexo, para la organización de las enseñanzas de la mencionada lengua propia. En todo caso, garantizarán una distribución proporcional de dicho porcentaje entre las diferentes áreas lingüísticas.

Las Administraciones educativas podrán adptar el horario de las enseñanzas en el primer ciclo de la Educación Primaria para grupos de alumnos que participen en programas lingüísticos específicos, sin perjuicio del cumplimiento del número mínimo de horas señaladas para cada área en el conjunto de este nivel educativo, y respetando los objetivos y contenidos que con caracter de mínimos se establecen en el Anexo 2.

Bibliografía

ADER (1977): *La escuela de opciones múltiples.* Madrid. OCDE MEC.

ALONSO TAPIA, J.; MONTERO GARCÍA-ELAY, I.: «Motivación y aprendizaje escolar», en COLL, C.; PALACIOS, J.; MARCHESI, A. (Comp.) (1990): *Desarrollo psicológico y educación.* Madrid. Alianza (Psicología).

ÁLVAREZ, M. (1988): *El equipo directivo, recursos tècnicos de gestión.* Madrid. Popular.

ANTÚNEZ, S. (1993): «La organización del espacio» en *Claves para la organización de centros escolares.* Barcelona. ICE/Horsori.

ANTÚNEZ, S. (1994): *Claves para la organización de centros educativos.* Barcelona. ICE-UB/Horsori.

ANTÚNEZ, S.; GAIRÍN, J. (1985): *Organització de centres.* Barcelona. Graó.

ANTÚNEZ, S.; GAIRÍN, J. (1988): «Els espais escolars» en *Organització de centres. Experiències, propostes i reflexions.* Barcelona. Graó.

ANTÚNEZ, S.; GAIRÍN, J. (1990): *El Projecte Educatiu.* Barcelona. Departament d'Ensenyament.

ANTÚNEZ, S.; GAIRÍN, J. (1994): *El Reglament de Règim interior del centre educatiu.* Barcelona. Departament d'Ensenyament.

ANTÚNEZ, S.; GAIRÍN, J. (1996): *Organització escolar.* Barcelona. Graó.

AUSUBEL, D.P.; NOVAK, J.D.; HANESIAN (1978): *Educational psychology: a cognitive view.* Nueva York (Trad. castellana: *Psicologia educativa: un punto de vista cognoscitivo.* México. Trillas, 1983.)

BALL, S. (1989): *La micropolítica en la escuela. Hacía una teoría de la organización escolar.* Barcelona. Paidós/MEC.

BENEDITO; SUÁREZ (1988): «Arquitectura escolar» en *Curs de directors de centres públics d'EGB.* Barcelona. Departament d'Ensenyament. Generalitat de Catalunya

BIDOT, N.; MORAT, B. (1995): *Estrategias Mentales.* Barcelona. Robin Book.

BLANCHARD; JOHNSON (1990): *El ejecutivo al minuto.* Barcelona. Grijalbo.

BLÁZQUEZ, F. (1985): «El espacio en la organización escolar» en SÁENZ, O.: *Organización escolar.* Madrid. Anaya.

BLÁZQUEZ, F. (1993): «El espacio y el tiempo en los centros educativos», en *Organización escolar, una perspectiva ecológica* (Dirección LORENZO DELGADO M.; SAENZ BARRIO, O.). Alcoy. Marfil.

BOHIGAS, O. (1972): «La escuela viva, un problema arquitectónico» en *Cuadernos de Arquitectura y Urbanismo,* 89, abril, mayo 1972.

CANO, M.I.; LLEDO, A.I. (1990): *Espacio, comunicación y aprendizaje.* Sevilla. Diada.

CARMEN, L.; ZABALA, A. (1992): *Los proyectos curriculares de centro.* Madrid. CIDE.

CASTALDI (1974): *Diseño de centros educativos.* México.Pax.

CELA, J.; PALOU, J. (1997): «El espacio» en *Cuadernos de Pedagogía,* 254 (enero).

CELA, J.; PALOU, J.(1997a): «El tiempo» en *Cuadernos de Pedagogía,* 254 (enero).

CELA, J.; PALOU, J.(1997b): «Lo previsible y lo imprevisible» en *Cuadernos de Pedagogía,* 254 (enero).

COROMINAS, P.; DE CEA y otros (1992): *VAQ Instrument per a l'avaluació de centres docents.* Barcelona Barcanova.
COVEY, S. (1994): *Los 7 hábitos de la gente eficaz.* Buenos Aires. Paidós (Empresa).
COVEY, S.; MERRILL, R, (1995): *Primero, lo primero.* Buenos Aires. Paidós (Empresa).
CUADERNOS DE ARQUITECTURA Y URBANISMO, 88 y 89, *Educación y arquitectura escolar,* marzo/mayo (1972). Barcelona.
DARDER, P.; LÓPEZ, J.A. (1985): *Elements d'organització y avaluació del centre educatiu d'EGB.* Rosa Sensat-Edicions 62.
DAVIS, G.; THOMAS, M. (1992): *Escuelas eficaces y profesores eficientes.* Madrid. La Muralla.
DE PUELLES y otros (1980): *Elementos de Administración Educativa.* Madrid. MEC.
DOMÈNECH, J. (1994): «La participación» en DARDER, P.; GAIRÍN, J.: *Organizacion y gestión de centros educativos.* Barcelona. Praxis.
DOMÈNECH, J.; VIÑAS, J. (1994): «La gestió dels centres docents públics» a *Guix.* P. 47-49.
FAURE, E. (1973): *Aprender a ser. Madrid.* Alianza Universidad.
FERNÁNDEZ BALLESTEROS (1988): *El ambiente, análisis psicológico.* Madrid. Pirámide.
FERNÁNDEZ PÉREZ, M. (1988): *La desprofesionalización docente.* Barcelona. CEAC.
FIGUERES y PUJOL. *Els racons de treball: una nova manera d'organitzar el treball personalitzat.* Vic. Eumo.
FRANCH, J.; PELACH, J. (1986): *Construir un projecte de centre.* Vic. Eumo.
GAIRÍN, J. (1988): «Utilización del espacio escolar», en PÉREZ, A.; GAIRÍN, J.; HOMERO, L.: *Oposiciones al cuerpo de Profesores de EGB.* Barcelona. PPU. P. 312-330.
GAIRÍN, J. (1993): «Aspectos didàctico-organizativos de la temporalización» en VV.AA. (1993): *El tiempo educativo y escolar. Estudio interdisciplinar.* Barcelona. PPU.
GAIRÍN, J.; DARDER, P. (1994): *Organización de centros educativos.* Barcelona. Praxis
GAIRÍN, J.; DARDER, P. (1995): *Estrategias e instrumentos para la organización de centros educativos.* Barcelona. Praxis.
GAMMONNET, F. (1992): *Cómo administrar mejor su tiempo.* Buenos Aires. Granica Management.
GARCÍA HOZ, V. y otros (1991): *Ambiente, organización y diseño educativo.* Madrid. Rialp.
GIMENO SACRISTÁN, J. (1996): *La transición a la educación secundaria.* Madrid. Morata
GÓMEZ DACAL, J. (1985): *El Centro Docente.* Madrid. Escuela Española.
GÓMEZ DACAL, J.(1992): *Centros educativos eficientes.* Barcelona. PPU.
GORE, J.M. (1996): *Controversias sobre las pedagogías.* Madrid. Morata.
(1980): *Guix,* 33-34 (julio-agost).
HARGREAVES, A. (1992): «El tiempo y el espacio en el trabajo del profesor», en *Revista de Educación,* 298.
HERNÁNDEZ, P. (1989): *Diseñar y enseñar.* Madrid. Narcea/ICE Univ. de la Laguna.
HOCHHEISER, R.M. (1996): *Administre su tiempo eficazmente.* Barcelona. Plaza y Janés.
IBAR, M. (1987): *La escuela como organización,* [Documento policopiado de curso de

formación de directores]. Barcelona. Departament d'Ensenyament. Generalitat de Catalunya
ISAACS, D. (1983): *Cómo mejorar la dirección de los centros educativos.* Pamplona. EUNSA.
JOSEPHS, R. (1993): *Cómo ganar una hora extra cada día.* Barcelona. Grijalbo.
KLIKSBERG, B. (1975): *El pensamiento organizativo: del Taylorismo a la teoría de la organización.* Buenos Aires. Paidós. (Biblioteca de la organizaciones modernas).
LABORIT, H. (1976): *Introducción a una biología del comportamiento.* Barcelona. Península.
LAPP DANIELLE, C. (1995): *Potencie su memoria.* Barcelona. Plaza y Janés.
LOPEZ RUPEREZ, F. (1994): *La gestión de calidad en educación.* Barcelona. La Muralla.
LOUGHIN, C.E.; SUINA, J.H. (1987): *El ambiente de aprendizaje. Diseño y organización.* Madrid. Morata.
MILLER, R. (1996): *Organice sus reuniones de manera óptima.* Barcelona. Plaza y Janés.
MORIN, E. (1993): *Tierra y Patria.* Barcelona. Kairós.
MRP (1993): «El profesorado: su trabajo y la renovación de la escuela». *Actas del XIII Encuentro de MRP.* (Mayo de 1992). El Paular (Cuenca)
NOONE, D. (1995): *Solucione sus problemas creativamente.* Barcelona. Plaza y Janés.
OCDE (1991): *Escuelas y calidad de enseñanza. Informe internacional.* Barcelona. Paidós/MEC.
OWENS, R.G. (1979): *La escuela como organización.* Madrid. Santillana.
PEDLER, M.; BOYDELL, T.(1993): *Organícese.* Barcelona. Gestión 2000.
PINCUS, M. (1995): *Proyecte una imagen positiva.* Barcelona. Plaza y Janés.
REVISTA DE EDUCACIÓN (1974): *Construcciones escolares,* 233-234 (julio 1974). Madrid. MEC.
REVISTA DE EDUCACION (1992): *Tiempo y Espacio* (mayo-agosto 1992). Madrid. MEC.
RINTOUL, K.; THORNE, K. (1982): *Organización abierta en el centro escolar.* Madrid. Anaya.
ROBBINS, P. (1987): *Un poder sin límites.* Barcelona. Grijalbo.
ROBBINS, P. (1993): *Controle su destino.* Barcelona. Grijalbo.
RUL, J. (1990): *El Projecte de Gestió del centre educatiu.* Barcelona. Departament d'Ensenyament. Generalitat de Catalunya.
RUL, J. (1995): *La memòria avaluativa del centre educatiu.* Barcelona. Departament d'Ensenyament. Generalitat de Catalunya.
SABATER, F. (1997): *El valor de educar.* Barcelona. Ariel.
SÁNCHEZ, F (1990): *La liturgia del espacio.* Madrid. Narcea.
SANCHO, J.M. (1991): «El entorno físico y simbólico de la enseñanza», en *Cuadernos de Pedagogía,* 192. P. 73-77.
SANTOS, M.A. (1988): «Espacios escolares», en *Cuadernos de Pedagogía,* 217. P. 55-58.
SENGE, P. (coord.) (1996): *La quinta disciplina en la práctica.* Buenos Aires. Granica.
STUFFELBEAM, D.L. (1987): *Evaluación sistemática.* Barcelona. Paidós/MEC.
TEIXIDOR, M. (1994): *L'escola comunicactiva.* Barcelona. CEAC.

TENA, J. (1988): *Organización de la empresa: Teoría y aplicaciones.* Barcelona. Eada gestión.
TRILLA, J. (1985): *El espacio social y material de la escuela.* Barcelona. Laertes.
UNZURRUNZAGA (1974): «Consecuencias arquitectónicas de las nuevas tendencias pedagógicas» en *Revista de Educación.* P. 233-234. (Julio-octubre 1974).
VIÑAS, J. (1994): «Organización de recursos funcionales» en DARDER, P.; GÀIRÍN, J.: *Organizacion y gestión de centros educativos.* Barcelona. Praxis.
VISEDO, J.M. (1988): «Evolución del espacio escolar en España» en *Anales de Pedagogía,* 6.
WITTROCK, M.C. (1990): *La organización de las aulas.* Barcelona. Paidós

Títulos de la colección DEUSTO DE DESARROLLO PERSONAL:
Cómo organizar su trabajo
Cómo usar el tiempo con eficacia y productividad
Cómo resolver las discrepancias en el trabajo y en la vida cotidiana
Cómo afrontar los problemas a tiempo
Cómo determinar y alcanzar tus propios objetivos
Cómo decidir mejor y más rápido
El trabajo en equipo qué es y cómo se hace
Cómo dirigir y animar las reuniones de trabajo